CHAPEUZINHO VERMELHO NA ESCOLA

Dados Internacionais de Catalogação na Publicação (CIP)
(Câmara Brasileira do Livro, SP, Brasil)

Moraes, Fabiano
 Chapeuzinho Vermelho na escola : mil anos de história / Fabiano Moraes. – Petrópolis, RJ : Vozes, 2022.

Bibliografia
ISBN 978-65-5713-575-4

1. Contos de fadas 2. Contos de fadas – Aspectos psicológicos 3. Educação 4. Educação – Finalidades e objetivos 5. Educação de crianças I. Título.

22-102865 CDD-370.157

Índices para catálogo sistemático:
1. Contos de fadas : Aplicação à Educação Infantil : Psicologia educacional 370.157

Fabiano Moraes

CHAPEUZINHO VERMELHO NA ESCOLA
MIL ANOS DE HISTÓRIA

Petrópolis

© 2022, Editora Vozes Ltda.
Rua Frei Luís, 100
25689-900 Petrópolis, RJ
www.vozes.com.br
Brasil

Todos os direitos reservados. Nenhuma parte desta obra poderá ser reproduzida ou transmitida por qualquer forma e/ou quaisquer meios (eletrônico ou mecânico, incluindo fotocópia e gravação) ou arquivada em qualquer sistema ou banco de dados sem permissão escrita da editora.

CONSELHO EDITORIAL

Diretor
Gilberto Gonçalves Garcia

Editores
Aline dos Santos Carneiro
Edrian Josué Pasini
Marilac Loraine Oleniki
Welder Lancieri Marchini

Conselheiros
Francisco Morás
Ludovico Garmus
Teobaldo Heidemann
Volney J. Berkenbrock

Secretário executivo
Leonardo A.R.T. dos Santos

Editoração: Maria da Conceição B. de Sousa
Diagramação: Editora Vozes
Revisão gráfica: Alessandra Karl
Capa: Renan Rivero
Ilustração de capa: Renan Rivero

ISBN 978-65-5713-575-4

Este livro foi composto e impresso pela Editora Vozes Ltda.

Dedicatória

À Chapeuzinho, que de tanto se empenhar, no decorrer desses mil anos, na luta pela mulher e pelos povos do campo, estará sempre e cada vez mais presente nas nossas vidas com sua graça, coragem e força.

Sumário

Uma menina, um cesto e um capuz vermelho, 9

Parte 1 – O conto, 13
   Pela estrada afora..., 15
   Que lobo é esse?, 18
   A camponesa mais famosa do mundo, 24
   O aspecto mais evidente do conto, 27
   Dupla violência: à tradição oral camponesa e à mulher, 31
   A deturpação de um conto de iniciação sexual feminina, 35

Parte 2 – Mil anos de Chapeuzinho, 39
   Educação medieval, 41
   Um conto para educar, 47
   A Menina da túnica vermelha, 53
   Para a educação clássica, a versão de Perrault, 57
   É preciso controlar disciplinarmente a infância, 60
   Perrault lança a primeira obra destinada a crianças, 64
   A bem-sucedida versão dos Irmãos Grimm, 68
   As versões se multiplicam, 74

Parte 3 – Chapeuzinho na escola, 81

Deu a louca na Chapeuzinho, 82
    Sugestão de trabalho em sala de aula, 88
Fita Verde no Cabelo: nova velha estória, 91
    Sugestão de trabalho em sala de aula, 98
Chapeuzinho Amarelo, 107
    Sugestão de trabalho em sala de aula, 112
A Indiazinha Chapeuzinho Verde, 118
    Sugestão de trabalho em sala de aula, 125

Vida longa à Chapeuzinho!, 134

Referências, 139

Uma menina, um cesto e um capuz vermelho

Apesar de não contar com uma versão da Disney que a tenha projetado imageticamente e de não pertencer à nobreza – como Branca de Neve, Cinderela e Bela Adormecida –, a camponesa Chapeuzinho Vermelho ou Capinha Vermelha supera todas as princesas dos contos de fadas no quesito consagração ao ser reconhecida em todo o Ocidente pela mera citação dos objetos que usa: um cesto e um capuz vermelho, como nos faz lembrar Marín (2005).

Destinado a professores, bibliotecários, pesquisadores e contadores de histórias, este livro teve como pedra angular a abordagem do conto *Chapeuzinho Vermelho*[1] realizada na minha dissertação de mestrado em Estudos Linguísticos pela UFES (MORAES, 2010), sob a orientação da Profa. Dra. Virgínia Abrahão, complementada e ampliada por estudos posteriores. Nele apresento a trajetória de mil anos do conto da campo-

---

1 Neste livro usaremos itálico em *Chapeuzinho Vermelho* ao nos referirmos ao conto. O termo sem itálico será usado sempre que estivermos tratando da protagonista desta história.

nesa mais conhecida no mundo ocidental, Chapeuzinho Vermelho, em suas relações com a educação e com a escola.

Observamos o modo como diversas versões escritas desse conto universal, por possuírem aspectos em comum que indicam traços de similaridade, nos auxiliam a compreender o quanto a materialização textual reflete os saberes e os poderes de cada época, como nos sugere Foucault. Este livro propõe, portanto, um levantamento do conto *Chapeuzinho Vermelho*, transitando por algumas versões desde a Idade Média aos dias atuais no intervalo de um milênio.

Começamos nossa trajetória de mil anos com a versão medieval publicada no ano de 1023, por Egberto de Liège, em que uma menina batizada, depois de receber uma capa vermelha de seu padrinho, é levada por uma loba para o seu covil. Passamos pela versão clássica de Perrault, de 1697, na qual a menina e a avó são devoradas pelo lobo, sendo a protagonista punida e considerada culpada pela violência e pela ameaça a que é submetida. Alcançamos, no período de transição entre o Clássico e o Moderno, as duas versões dos Irmãos Grimm, datadas respectivamente de 1812 e 1819, nas quais a menina e a avó são salvas e o lobo é punido. Em seguida aludimos brevemente a algumas das tantas versões modernas que se constituem como adaptações das versões de Perrault e dos Grimm. Tratamos ainda da versão coletada por Paul Delarue, publicada em 1951 com base num conto coletado em 1885 em que a menina toma as suas próprias decisões de deitar-se com o lobo e de fugir antes de ser devorada, livrando-se dele por meio de sua astúcia. Por fim, tomamos a versão cinematográfica *Deu a louca na Chapeuzinho* dirigida por Cory Edwards e as versões escritas *Fita Verde no Cabelo* de Guimarães Rosa, *Chapeuzinho Amarelo* de Chico Buarque, e *A Indiazinha Chapeuzinho Verde* de Maria Lucia Takua Peres, com o intuito de refletirmos sobre possíveis abordagens em sala de aula por meio de diálogos com versões mais recentes desse conto a partir de versões que subvertem e reinventam a narrativa hegemônica e que, instaurando um lugar do sonho e de comunhão com o mundo e com o outro, contribuem para adiar o fim do mundo (KRENAK, 2019).

Convidamos nosso leitor para esta viagem no tempo em que retomaremos as pegadas ancestrais de camponeses, indígenas, religiosos, professores, contadores de histórias, antropólogos, narradores, cineastas, escritores e leitores que, no decorrer de mil anos, conheceram, perpetuaram, propagaram, subverteram e transformaram, por meio da escuta, da leitura, da fala e da escrita essa enigmática e fascinante personagem que tem encantado dezenas e dezenas de gerações com sua graça, coragem e resistência: Chapeuzinho Vermelho.

Parte 1

O conto

Pela estrada afora...

> *Pela estrada afora, eu vou bem*
> *sozinha,*
> *Levar estes doces para a vovozinha!*
> *Ela mora longe, o caminho é deserto*
> *E o lobo mau passeia aqui por perto!*
> (BARRO, 1995, p. 5)

Ao perguntar a qualquer brasileiro, de qualquer idade, se ele conhece este trecho de canção, a provável resposta será: "sim". Caso se pergunte quando, onde e a partir de que fonte a escutou, algumas das prováveis respostas serão: "há muito tempo"; "na escola"; "de um disquinho colorido de histórias".

Pode-se ponderar: muitas histórias e canções populares são conhecidas sem que se reconheça a sua fonte exata. Mas buscando a origem dessa canção, verificaremos que ela não é popular, mas autoral. Encontraremos sua autoria em Braguinha (Carlos Alberto Ferreira Braga, o João de Barro[2]), figurando como parte de um dos contos do que

---

2 João de Barro (1907-2006): compôs (algumas em parceria) canções como: *Carinhoso*; *As pastorinhas*; *Chiquita Bacana*; *Balancê*; *Tem gato na tuba*; *Yes, nós temos bananas*; *Pirata da perna de pau*, *Copacabana* [princesinha do mar], dentre tantas outras.

viria a se tornar a coleção "Disquinho", prensada em discos de vinil a partir da década de 1940 no Brasil.

O leitor, ao rememorar essa coleção, talvez se lembre de alguns títulos como: *História da Baratinha*, *Festa no céu, O lobo e os três cabritinhos,* dentre diversos outros. No entanto, nos parece evidente que, de todos esses contos musicados, as canções que se apresentam de maneira mais clara na memória afetiva da maioria das pessoas – mesmo daquelas que não tiveram acesso à sua fonte original – sejam: a canção supracitada entoada pela Chapeuzinho e aquela outra cantada pelo Lobo, que diz: "Eu sou o lobo mau, lobo mau, lobo mau. Eu pego as criancinhas pra fazer mingau [...]" (BARRO, 1995), ambas do título *O Chapeuzinho Vermelho*, gravado em 1946 pela Continental.

De minha larga experiência, tanto como formador de narradores e professores quanto como contador de histórias e professor de musicalização e literatura na Educação Infantil e no Ensino Fundamental, dois aspectos relacionados a esse conto me chamaram atenção: o amplo conhecimento de tais canções por parte de adultos de várias gerações e por crianças desde a mais tenra idade; e a inegável predileção das crianças pequenas pelo conto *Chapeuzinho Vermelho* – sobretudo pelas versões que têm por base o conto dos Irmãos Grimm, no qual a menina sobrevive. Este assunto despertou a minha curiosidade o suficiente para que eu me empenhasse neste trabalho.

O que se faz evidente nesse conto em comparação com outros consagrados é a presença da figura do lobo ameaçando a personagem que tipifica a infância. Seria a presença do lobo ou do "medo" por ele figurado o que faz com que seja tão apreciado pelas crianças e perpetuado pelos adultos a ponto de ter sofrido um número tão grande de adaptações? Por que suas canções teriam sido memorizadas e propagadas com tanta facilidade quando comparadas a tantas outras canções de contos – sejam eles tradicionalmente transmitidos por meio da oralidade, propagados em áudio ou através do cinema e da televisão? E o que levaria a uma evidente predileção, da parte de educadores, pais e crianças, por esse conto em detrimento de tantos outros?

Com o intuito de encontrar subsídios para problematizar essas indagações, parto, neste livro, do embasamento histórico da representação do lobo desde a Idade Média.

Que lobo é esse?

Embora desde o fim da Idade Média o lobo seja reconhecido como poderoso agente mítico vinculado às forças malignas, na tradição oral arcaica ele não se aliava a essa concepção, mas sim à representação da selva e dos aspectos selvagens do homem, simbolizando um perigo da natureza relacionado à magia e ao mesmo tempo inseparável da própria natureza, afirma Zipes (1993). Almejando conduzir a um melhor entendimento da relação entre o lobo e a configuração do mal e estabelecer uma base sólida para a compreensão da presença do lobo no conto *Chapeuzinho Vermelho*, esmiuçaremos um pouco mais o tema.

Zipes (1993, p. 67-69), em *Trial and tribulations of Little Red Riding Hood: versions of the tale in sociocultural context*, alude à figura medieval do lobisomem, um ser milenar de origem remota, geralmente relacionado aos povos caçadores, provindo dos cultos pagãos que celebravam o lobo como uma entidade protetora representada em tais rituais por sacerdotes vestidos com pele de lobo que nas cerimônias adquiriam os poderes inerentes a esse ser.

Segundo o autor, com as gradativas mudanças operadas no seio dessas sociedades que, aos poucos, tornaram-se predominantemente agricultoras, lobos e lobisomens passaram a ser associados a forças hostis, ou mesmo a proscritos (párias) que viviam isolados da sociedade nos bosques e que por essa razão chegavam a ser caçados por outros humanos considerados civilizados.

Algumas histórias de meninos-lobos tratam desses proscritos. Segundo Ziolkowski (2007, p. 107), os contos de meninos-lobo frequentemente diziam respeito a crianças criadas por lobas, que inclusive as amamentavam após haverem sido abandonadas por seus pais. Rumpf (1989, p. 46-58, apud ZIOLKOWSKI, 2007, p. 107-108) faz referência, dentre tais contos, à lenda antiga da fundação de Roma: *Rômulo e Remo*, e ao conto moderno de Rudyard Kipling: *Mowgli*, entre outros exemplos, como *Wolfdietrich* da tradição germânica. Ziolkowsky (2007, p. 108) exemplifica dois casos reais: do menino-lobo que vagava pelos bosques de Hesse em 1344 e das meninas-lobo Amala e Kamala encontradas na Índia em 1920, afirmando terem sido tão comuns tais tipos de relato que Lineu – Historiador Natural do século XVIII que estabeleceu o padrão de classificação taxonômica mais utilizado pelas ciências biológicas – especificou em seu sistema taxonômico uma subclassificação denominada *Homo ferus*: *o Juvenis lupinus hessianus* (o menino-lobo de Hesse).

O lobisomem e o lobo tornaram-se, no decorrer dos anos, uma representação direta das características agressivas, sendo o lobisomem identificado com poderes sobrenaturais de transformação, considerado, por esta razão, incontrolável. Na Europa medieval era, pois, muito comum a crença na existência de lobisomens entre os camponeses. No entanto, gradativamente, a antiga reverência a esse ser perderia totalmente o seu lado positivo, e ele passaria a ser considerado, cada vez mais, uma criatura destrutiva, sanguinária, astuta e sobrenatural, associando-se diretamente à figura do demônio por volta da Baixa Idade Média. Foi entre 1400 e 1700, prossegue Zipes (1993), que a noção de lobisomem mudou profundamente ao ser vinculada à das bruxas e à do demônio, especificamente no que diz respeito à sua transformação mágica, supostamente explicada por numerosos religiosos que descreveram os lobisomens e teorizaram sobre a licantropia: metamorfose do ser humano em lobo.

Se na Europa a dicotomia entre animal e humano, selvagem e civilizado, natureza e cultura se fazia presente mesmo antes da demonização da figura do lobo e de sua vinculação com elementos simbólicos malignos, na América pré-colombiana fazia-se presente e predominante a concepção de comunhão e integração do indígena com a natureza. Não estamos, com essa afirmação, considerando homogêneas as crenças das tantas e diversas nações indígenas do nosso continente. Ao contrário, tomando um exemplo da América do Norte e outro da América do Sul dessa relação dos povos com a figura do lobo, podemos verificar que essa concepção preponderante se manifestou de maneiras distintas nas diferentes culturas.

Entre os Astecas, o coiote era o deus da música, da dança e da canção Huehuecóyotl (Velho Coiote) que acompanhava o sacrifício gerador de vida e conduzia a noite para manter o equilíbrio e a harmonia da natureza, afirma Nieves Rodríguez Valle (2014) em seu artigo *De lobos, zorros y... coyotes: leyendas, cuentos y refranes de la literatura medieval que atravesaron el Atlántico*. A partir da conquista europeia, prossegue o autor, as lendas mexicanas impuseram ao coiote a simbologia negativa do lobo, dando-lhe um significado diabólico que antes não possuía.

Isabela Lemos Coelho Ribeiro (2017) registra, em seu artigo *Diversidade cultural no Espaço do Conhecimento UFMG: povo Maxakali*, a cosmogonia da nação Maxakali, situado no território do Estado de Minas Gerais. Para esse povo, no princípio havia: um espírito masculino; uma forma feminina feita de barro; e os animais. O espírito masculino apaixonou-se pela forma feminina e dessa união nasceu uma menina feita do barro da mãe e do espírito do pai, mas que para os Maxakali ainda não podia ser considerada uma indígena completa, pois lhe faltava o atributo da natureza. Desesperado com o fruto desse romance, o pai abandonou a menina na floresta. Ela vagou sozinha até ser encontrada por um lobo-guará, que dela cuidou como se fosse uma filha, escondendo-a de dia numa bolsa de couro, e à noite em sua toca. Os animais, desconfiados, tramaram um plano. A lebre fingiu-se doente para entrar na toca do lobo. Lá chegando avistou a menina, que era diferente de tudo o que conhecia. Contou então para os outros lobos que correram para a toca, encurralando o lobo-guará e a menina numa armadilha. Os lobos agarraram a menina, que por ser de barro se despedaçou e morreu. Sentindo-se mal por terem feito aquilo, cada um deles levou um dos membros da menina para casa e o plantou para que nascesse outra no lugar. Com o tempo, nasceram árvores onde os membros haviam sido plantados e dessas árvores se originaram os Maxakali, união do espírito masculino com a forma feminina de barro e agora contendo também o elemento da natureza. Os indígenas, compostos por esses três elementos, tornaram-se completos e conectados à natureza (RIBEIRO, 2017).

Essa relação de comunhão e integração dos povos indígenas com a natureza e com os animais, constituindo um modo de parentesco e não uma separatividade nos auxiliará a analisar a versão indígena por nós apresentada na terceira seção deste livro. É Eduardo Viveiros de Castro (2008) quem nos ajuda a compreender a diferença entre o pensamento europeu hegemônico e a concepção indígena invisibilizada:

> Nós pensamos [...] que os humanos fomos animais e continuamos a sê-lo, por baixo da "roupa" sublimadora da civilização; os índios, em troca, pensam que os animais, tendo sido humanos como

nós, continuam a sê-lo, por baixo de sua roupa animal. Por isso, a interação entre humanos propriamente ditos e as outras espécies animais é, do ponto de vista indígena, uma relação social, ou seja, uma relação entre sujeitos (CASTRO, 2008, p. 74; grifo do autor).

Depois de apresentarmos esse breve histórico acerca da simbologia de uma das personagens do nosso conto, traçaremos adiante considerações sobre a popularidade da consagrada personagem Chapeuzinho Vermelho, que – para a concepção dicotômica europeia na qual cultura e natureza, humano e animal, se opõem – tem o lobo como antagonista e adversário.

A camponesa mais famosa do mundo

No livro *¿Existia Caperucita Roja antes de Perrault?*, Marín (2005) apresenta sua pesquisa sobre contos anteriores à versão de Perrault que de algum modo a ela se assemelham.

Para delinear as semelhanças encontradas e com a intenção de elucidar aspectos obscuros e ocultos que envolvem a história, a autora toma por base alguns elementos do conto como: capuzes vermelhos, véus ou túnicas; lobos que ameaçam meninas; avós; cestas; bolos.

Para ela, o fato de *Chapeuzinho Vermelho* figurar entre os contos mais populares do mundo faz dele um conto especial. Sua presença estende-se para planos diversos da nossa cultura, desde as tantas versões e adaptações que sofreu para o público infantil ou adulto, até a sua forte presença em anúncios publicitários. Por sua onipresença num largo espectro cultural, *Chapeuzinho Vermelho* constitui, dentre os contos tradicionais, um dos casos mais complexos.

Um aspecto singular desse conto, destaca a autora, está no impressionante feito de sua personagem ser facilmente reconhecida apenas pelos objetos que usa: uma cesta e um capuz, e de não ter contado para isso com a mediação de nenhum longa metragem da Disney que lhe impusesse uma imagem definida, como se deu com Branca de Neve, Cinderela, Bela Adormecida.

Ziolkowski (2007, p. 93-94), em *Fairy tales from before fairy tales: the medieval Latin past of wonderful lies*, afirma que *Chapeuzinho Vermelho* é considerado um dos contos de fadas com maior gama de significados e com mais ampla difusão. Sua personagem tem sido esboçada na maioria dos gêneros imagináveis, desde a literatura até músicas, filmes, anúncios publicitários, quadrinhos, charges e desenhos animados, e até mesmo no erotismo. No entanto, afirma o autor, apesar de toda a notoriedade outorgada a essa menina camponesa, que figura, no que diz respeito à fama e ao favoritismo, em pé de igualdade com as tantas princesas famosas dos contos de fadas, sua origem tem uma dimensão histórica medieval que continua a passar despercebida.

Para Zipes (1993), que desconsidera o passado medieval de *Chapeuzinho Vermelho*, é a partir da versão de Perrault que é possível olhar historicamente tanto para trás como para adiante. Com base em evidências reunidas por folcloristas, etnólogos e historiadores, o autor afirma que antes de Perrault haver adaptado o conto para um público da alta classe francesa do final do século XVII, houve no Ocidente uma ruptura para com uma tradição oral que era controlada por camponeses e mais provavelmente por mulheres.

No entanto, uma vez tendo Perrault se apropriado do conto como sua própria criação em nome de um ponto de vista masculino e a partir da fala de uma classe social específica, tornou-se praticamente impossível para narradores orais e escritores tornarem-se agentes transformadores desse conto, logrando no máximo circularem em torno do corpo predestinado da versão estabelecida por Perrault, e que a partir de então controlaria o destino de *Chapeuzinho Vermelho* (ZIPES, 1993).

Enquanto Perrault fixou as regras de desenvolvimento e as regulações sexuais para qualquer debate posterior, os Irmãos Grimm as estenderam. Por essa razão, as versões de Perrault e dos Grimm – estas por sua vez tomam a de Perrault por base –, gozam de evidente hegemonia em nossa cultura.

Desse fato, resulta urgente questionarmos essa hegemonia para que, em nosso tempo, seja possível trazer para as salas de aula novas versões e abordagens desse conto, em pé de igualdade com as versões igualmente não originais de Perrault e dos Grimm.

O aspecto mais evidente do conto

O aspecto mais evidenciado em *Chapeuzinho Vermelho* é o seu caráter sexual, apontado por pesquisadores dos mais diversos campos da ciência e das mais distintas abordagens que se ocuparam em estudá-lo.

Zipes (1993) considera a versão que se origina da adaptação de Perrault como uma adaptação burguesa institucionalizada por representantes do gênero dominante masculino a partir de um conto tradicional oral de iniciação sexual feminina propagado originariamente em uma cultura oral por meio de uma prática de difusão caracteristicamente feminina.

Marín (2005), por sua vez, ressalta o caráter sexual do conto em questão analisando-o em comparação a relatos mitológicos e contos antigos e medievais que com ele se assemelham no que diz respeito à presença de elementos relacionados à iniciação feminina na vida adulta e na sexualidade.

Curiosamente, nos séculos XIX e XX, importantes registros folclóricos materializaram textualmente versões, distintas em determinados aspectos das de Perraut e dos Grimm, que trouxeram relevantes evidências sobre possíveis formas orais de *Chapeuzinho Vermelho*. Por ironia, essas versões carecem justamente do elemento que nomeia o conto: o capuz vermelho.

Conhecido em geral como *Conto da avó* ou *A história da avó*[3], esses relatos apresentam em caracteres gerais, e com algumas variações, a tarefa dada à menina pela sua mãe, de levar comida e bebida para a avó.

Na versão coletada por Delarue (2002), após seguir rumo à casa de sua avó, a menina se encontra com o lobo que segue por outra estrada para a casa da senhora, matando-a e colocando um pouco de sua carne na despensa e um pouco de seu sangue numa garrafa. A menina, ao chegar ao seu destino, entra na casa cumprimentando o lobo como se fosse a sua avó. O lobo recomenda que ela coloque as prendas na despensa, coma a carne que lá está e beba o vinho da garrafa. Enquanto a menina come e bebe, um gato lhe chama a atenção por ela estar comendo a carne e bebendo o sangue da própria avó. O lobo então diz para a menina se despir e ir para a cama com ele. Ela tira o avental e pergunta onde pode deixá-lo, o lobo sugere que ela o atire ao fogo, pois não lhe fará mais falta (o mesmo ocorre a cada peça que a menina tira: corpete, vestido, meias). Seguem-se obser-

---

[3] Entre o fim do século XIX e a metade do século XX foram coletados na Europa (França e regiões de fala francesa) vários contos da oralidade, sem vestígios ou influências aparentes da obra de Perrault, publicados na obra *Le conte populaire français* (*O conto popular francês*), por Paul Delarue e Marie-Louise Ténèze. Wolfram Eberhard apresentou concomitantemente alguns contos contendo certas características de *A história da avó* entre as mais de duzentas histórias coletadas na Ásia. Posteriormente, Ítalo Calvino incluiria em *Fábulas italianas* o conto *A falsa avó*, versão recolhida na Itália com aspectos semelhantes a essas outras versões.

vações, por parte da menina, das características do lobo e as justificativas que este apresenta como resposta (tão peludo: para se aquecer; unhas grandes: para se coçar; ombros grandes: para carregar lenha; orelhas grandes: para escutá-la; boca grande: para comê-la). A menina, depois de receber a última resposta diz que está apertada e que precisa ir lá fora, mas o lobo resiste. Sob a sua insistência, ele permite que ela saia com uma corda atada à perna. A menina sai, amarra a ponta da corda em uma árvore e foge. O lobo, cansado de esperar, descobre que foi enganado e a segue, mas ela consegue chegar à sua casa a salvo.

Essa versão apresenta, segundo Dundes (1989, p. 223-224, apud ZIPES, 1993, p. 2), uma evidência que aponta para a iniciação sexual feminina e seu ingresso na fase adulta, representados por meio do antagonismo entre a heroína e as figuras femininas da história: sua mãe e sua avó. Nesse conto, a personagem principal toma as suas próprias decisões e, com astúcia e sem precisar da ajuda de nenhuma figura masculina, faz sua vontade preponderar sobre a vontade do lobo.

Zipes (1993) chama atenção para as seguintes passagens, interpretando-as: a tarefa que a mãe transmite à filha caracteriza, em certa medida, um abandono forçado, ela precisa crescer, seguir adiante pelo bosque, e sozinha; a necessidade de revanche por parte da menina a leva a alimentar-se do sangue e da carne da avó, como a se alimentar, simbolicamente, da carne da mãe para crescer, como se alimentara do leite materno na infância, mas agora da carne de um corpo ainda mais experiente e sábio, a da mãe de sua mãe; por outro lado, uma regressão infantil parece ser assinalada no desejo que a menina tem de fazer suas necessidades imediatamente após comer ou beber.

No que diz respeito aos aspectos histórico-ideológicos que marcam as versões de Perrault e dos Grimm quando comparadas a essa, o autor considera que a história com a qual Perrault entrou em contato era provavelmente similar a *A história da avó*, de modo que essa versão passou a ser considerada uma variante aparentemente bem próxima ao conto tradicional oral que deu origem a *Chapeuzinho Vermelho* de Perrault. O autor francês, ao que tudo indica, suprimiu os elementos escatológicos e sanguinários do conto, aumentando, por outro lado, a carga de violência em sua versão tanto no desfecho fatal em que a menina é devorada como no fato de ela ser considerada responsável pela violência que sofre.

Dupla violência: à tradição oral camponesa e à mulher

Ademais, a visão urbanocêntrica da versão de Perrault participa de um movimento de ruptura que doravante relegará o campo e o popular ao lugar da baixa cultura e da subalternização, dando início à gradativa deterioração da larga tradição de vínculo entre as narrativas e a terra.

Ainda que a dicotomia do pensamento europeu dominante tenha estabelecido há tempos a separação entre humano e animal, selvagem e civilizado, cultura e natureza, o vínculo dos povos com a terra permanecia vivo na Europa medieval.

Sabemos o quanto as narrativas herdadas pelos povos camponeses, nascidas do trato com a terra e com a natureza, reúnem material cultural simbólico de enorme riqueza.

Lançando mão, pois, do mesmo material simbólico das histórias tradicionais, destacamos a relevância das narrativas orais em sua relação orgânica e fisiológica com a terra tomando por metáfora um dos tantos elementos representados nas narrativas tradicionais: o tapete – também a colcha de retalhos, a esteira, a renda, o tear, o ato de tecer, a teia.

O tapete simboliza a palavra e a tecitura da vida e das histórias: narrar é, simbolicamente, tecer, delinear paisagens, cores, texturas, textos. O tapete simboliza ainda a continuidade da nossa terra e da nossa história, para que o nosso solo permaneça sob os nossos pés nos servindo de base. Por essa razão alguns povos nômades do norte do continente africano utilizam tapetes de suas nações ao montar suas tendas em terras estrangeiras (até mesmo a teia é o solo da aranha[4], é a sua terra, a sua casa, a sua história).

Fisiologicamente, as mãos que tecem o tapete e que realizam expressões gestuais em composição com a oralidade são as mesmas que plantam, colhem, revolvem a terra, amassam o pão, sulcam linhas, lavram terras e (pa)lavras. A língua, por sua vez, se de um lado transmite e perpetua as histórias e experiências de vida, os saberes do campo e da terra nas elaborações sutis dos sons da fala, de outro saboreia os frutos da terra, lendo sutilmente as sensações gustativas dos frutos do trabalho do campo.

Portanto, língua e mãos operam complementarmente, cooperando tanto na nossa relação fisiológica com a terra e com as nossas culturas e cultivares como no processo interacional oral e escrito de nossa relação

---

[4] Ananse, na tradição africana, é uma aranha-homem que sobe aos céus pela sua teia e, do deus Nyame, recebe as histórias para serem narradas para os povos.

com as palavras de nossos antepassados, com as histórias de nossa terra e com a tecitura de nossa cultura.

A histórica herança da desarticulação entre cidade e campo, acentuada pelo desenvolvimento industrial e pela ruptura do homem citadino para com a terra trouxe, portanto, graves consequências para as narrativas dos camponeses. A cultura burguesa urbanocêntrica pretensiosamente buscou submeter o campo à cidade, impondo às regiões rurais um lugar subalternizado que não apenas desconsidera, mas também desvaloriza os saberes do campo materializados nas suas narrativas. Nesse modelo, o saber e o modo de vida urbano são, com frequência, situados em oposição aos saberes e ao modo de vida campesino, em detrimento desses últimos.

A versão de Perrault, assim como o lobo da história, representa uma violência à menina e a um conto de iniciação sexual feminina. Opõe-se, dessa maneira, à cultura camponesa do mesmo modo como a partir do período Clássico a alta cultura elitista e urbana se opôs à baixa cultura popular e camponesa. Sua versão materializa, desse modo, a ambição das cidades em seu ímpeto de "devorar" o campo, separando violenta e bruscamente o ser humano da terra.

Zipes (1993) considera que as três histórias, *A história da avó*, *Chapeuzinho Vermelho*, de Perrault e *Chapeuzinho Vermelho*, dos Grimm, são pontos fundamentais que sinalizam a transformação do conto tradicional *Chapeuzinho Vermelho*: de um conto camponês oral otimista de iniciação feminina na vida adulta, em um conto urbano de dominação e de imposição cultural de um modelo machista e burguês.

Para Marín (2005, p. 26-27), no que diz respeito à substituição de um conto de iniciação sexual feminina por um conto de advertência masculino e burguês, a análise de Zipes parece acertar com relação à transformação que as versões orais sofreram com o mecanismo de fixação escrita. No entanto, no que tange ao conjunto de seu desenvolvimento, deve-se questionar se as versões recolhidas dos fins do século XIX a meados do século XX poderiam equivaler ao estágio anterior a Perrault e se não se deveria considerar a possibilidade de que houvesse mais tradições e, consequentemente, mais versões orais desse conto. A autora, em sua longa análise, comparando contos da Antiguidade em que se fazem presentes tanto o capuz e o véu quanto o cesto, elementos iniciáticos femininos, mostra-nos que a história do conto *Chapeuzinho Vermelho* não é linear, tampouco simples.

A deturpação de um conto de iniciação sexual feminina

Como dito anteriormente, a tese de Zipes (1993, p. 7-9) é de que Perrault transformou um conto oral otimista sobre a iniciação sexual feminina em uma tragédia singular de violência em que a menina é culpada por haver sido violentada. *Chapeuzinho Vermelho* é, como vimos, um conto de dupla violência, por um lado, por conceber uma estratégia que violou a tradição oral camponesa predominantemente feminina e, por outro, por fomentar noções de violência por meio do tratamento da menina como objeto sexual.

Esse argumento é o ímpeto que conduz o autor na observação dos aspectos histórico-sociais destacados na comparação e na análise por ele feitas ao tomar e apresentar em sua obra algumas das diferentes formas que lograram representar *Chapeuzinho Vermelho* por meio de adaptações literárias, quadrinhos, charges, animações, cartões de felicitações, jogos, filmes, vídeos, anúncios publicitários.

A partir desses tantos gêneros, Zipes (1993) estabelece conexões entre as várias manifestações culturais do conto nesses três séculos, apontando tanto para as versões que enfatizam o caráter de objeto sexual atribuído à menina, como para as produções (livros, filmes, animações, músicas e histórias gravadas) destinadas ao público infantil, e que por essa razão definem-se na tentativa de supressão de seus componentes eróticos, de modo a fazer com que muitas pessoas o considerem somente um conto de fadas que, tomado a partir de um determinado ponto de vista, passa a ser visto como um alerta para as meninas quando se considera o quanto a violência sexual se faz presente na nossa cultura, sem, no entanto, questionar a origem e as raízes culturais dessa violência.

No que diz respeito a esse aspecto, Marín (2005, p. 14) afirma que a carga sexual do conto *Chapeuzinho Vermelho* é, de fato, mais evidente do que a existente em outros contos consagrados, atestando sua afirmação por meio da referência tanto aos anúncios publicitários, tal como procede Zipes (1993), como às versões presentes na internet ou mesmo às interpretações de alguns críticos.

Apresentando em sua obra as relações entre, de um lado, o relato medieval de Egberto de Liège (*Sobre a menina salva dos filhotes de lobo*) e, de outro, o conto de Perrault, a autora remete-nos a aspectos dessas versões presentes em mitos, relatos e contos da Antiguidade, defendendo, com seu posicionamento, a possibilidade de existência de versões anteriores.

Em suas argumentações, Marín (2005, p. 144-147) destaca, por exemplo, um trecho presente na obra *Descripción de Grecia* de Pausânias (1.27: 3-4), escrita no século II a.C., como antigo predecessor de *Chapeuzinho Vermelho* pelo fato de apresentar semelhanças notáveis com as versões mais conhecidas desse conto no uso cerimonial do cesto em rituais de iniciação e de conotação sexual. A partir de um amplo levantamento de dados com base nesse e em outros relatos da Antiguidade, o capuz vermelho e a cesta são destacados pela autora como elementos rituais que evidenciam a relação do conto com ritos de iniciação feminina na sexualidade e na vida adulta.

Para ela, a exclusão de tão amplo período – anterior à versão de Perrault – dos estudos relacionados ao tema implica uma limitação do campo de investigação do conto. Marín (2005, p. 20-21) aponta as adaptações de Egberto de Liège, de Perrault e dos Grimm como portadoras de importantes elementos: do cristianismo, no primeiro caso; e da burguesia, nos dois últimos, como verificaremos na segunda parte deste livro.

Parte 2

Mil anos de Chapeuzinho

Educação medieval

Acerca da periodização literária da Idade Média, Bisanti (2007, p. 14) define, com base em Franceschini (1939) e Alfonsi (1972), seis períodos básicos: a Idade Barbárica (séculos VI a VIII); a Idade Carolíngia (século IX); a Idade Pós-Carolíngia e Ottoniana (séculos X e XI); a Renascença (*rinascita*, do século XII); o século XIII, e o século XIV seguido do Pré-Umanésimo e do Umanésimo (século XV).

Tomando por base sua classificação, o período correspondente aos séculos X e XI, Idade Pós-Carolíngia e Ottoniana, é a época na qual se enquadra a obra *A Nau Fecunda* de Egberto de Liège, como afirma o próprio Bisanti (2007, p. 36) ao descrevê-la como um poema de 2.370 hexâmetros que recolhe um amplo repertório de provérbios, fábulas, recontos, narrações de vários gêneros destinados, sobretudo, ao aprendizado das sete artes liberais reunidas no trívio e no quadrívio. Iniciaremos, pois, contextualizando a Idade em que foi escrita a versão medieval do conto.

É Giles (1987) quem nos remete ao período imediatamente anterior a esse, a Idade Carolíngia, marcada pelas reformas propostas por Carlos Magno, fundador do Sacro Império Romano, em 800 d.C. Seu intuito primordial era transformar o povo em povo de Deus, unindo a esfera secular à religiosa por meio da efetivação de uma eficaz reconstituição do processo educativo visando, com isso, à renovação da civilização. "Pela primeira vez, a oportunidade de estudar estende-se a setores cada vez maiores da população" (GILES, 1987, p. 67).

Em seu projeto educacional, assegura o autor, Carlos Magno busca ampliar o acesso à educação por meio: da valorização do professorado; do incentivo, por meio do decreto de 802 d.C., a que as classes baixas mandem seus filhos cursarem o ensino elementar; da instituição da escola palaciana, que passa a ter como modelo as aplicações do projeto educacional por ele idealizado, efetivadas pelo monge beneditino Alcuíno, de York, na Inglaterra; da reforma das escolas monásticas; do estabelecimento de escolas paroquiais em nível local; e da fundação de bibliotecas nos centros mais populosos e nas igrejas catedralícias.

Destacaremos mais adiante, dentre as instituições educacionais reforçadas por essas medidas, a função das escolas catedralícias em razão do livro *A Nau Fecunda*, na qual figura a versão *Sobre a menina salva dos filhotes de lobo*, haver sido escrito por um professor da escola Catedral de Liège, Egberto.

No que diz respeito especificamente à Idade Pós-Carolíngia e Ottoniana, Bisanti (2007, p. 24) afirma que após a morte, em 840 d.C. de Ludovico o Piedoso[5], filho de Carlos Magno, e com a consequente desagregação do Sacro Império Romano, procedeu-se um progressivo desmantelamento da estrutura estatal do Império. Assim, no final do século IX, a falta de um governo centralizador abriu espaço ao sistema feudal que tinha a posse da terra como base da soberania. Para Giles (1987), nessa época, a continuidade do processo educativo ocorreu apenas em lugares isolados como nas escolas monásticas e catedralícias e em algumas escolas instaladas em cortes e castelos.

Nesse processo decadente assume grande relevo o Império Germânico sob a Dinastia Ottoniana, sobretudo com o governo de Ottone I[6], fundador do Santo Império Romano Germânico, coroado em 962 d.C. pelo Papa João XII com o intuito de renovar, por meio dessa centralização de poder, o Império Carolíngio.

Para Bisanti (2007, p. 24), o reino de Ottone I estabelece um despertar político, histórico, econômico e cultural que caracteriza essa época, sobretudo a segunda metade do século X, como uma "Renascença Ottoniana", mais do que como uma "Idade Pós-Carolíngia", como alguns estudiosos insistem em nomear. Trata-se, de todo modo, de um período em que a literatura manifesta novas formas, o que se deve, sobretudo, ao contato da cultura latina não apenas com a nação germâni-

---

5 Luís o Piedoso para Nunes (1979).
6 Bisanti (2007) chama o imperador do Santo Império Romano Germânico e os herdeiros de seu trono pelo nome de Ottone, considerando o período relativo ao seu Império como Ottoniano. Nunes (1979) usa o nome Otão, enquanto Ariès (1981) o nomeia Oto, designando o período de sua dinastia por Otoniano.

ca, mas com a essência de sua cultura tradicional rica em sagas, lendas e recontos populares, o que pode ser claramente atestado no caráter da obra *A Nau Fecunda*, escrita a partir de elementos populares tradicionais orais numa região localizada na fronteira entre as culturas latina e germânica.

Acerca das escolas das catedrais, Mayer (1976, p. 200) afirma que "[...] entre as instituições educacionais que se desenvolveram na Idade Média, as mais importantes foram as escolas catedralícias, fundadas geralmente em centros episcopais". Monroe (1978, p. 101) acrescenta que as escolas das catedrais, também chamadas escolas episcopais, "[…] vieram a ser organizadas pelos bispos para preparar o clero para as igrejas que estavam sob sua direção". Segundo Nunes (1979, p. 103), as escolas episcopais, assim como as escolas paroquiais, foram estabelecidas com o intuito de formar o clero, no entanto, devido sobretudo à escassez de escolas públicas, nelas também se deu a formação de leigos.

Enquanto as escolas paroquiais representavam o nível elementar do ensino, alojando-se na igreja matriz da paróquia ou na casa paroquial, as escolas episcopais representavam um nível superior, alojando-se nas dependências da catedral ou na residência episcopal (do bispo). Seu currículo, assim como das escolas monásticas (dos monastérios), tinha como base o estudo das sete artes liberais do trívio (*trivium*): gramática, retórica e dialética, e do quadrívio (*quadrivium*): geometria, aritmética, astronomia e música, seguido "[...] da fase superior consagrada ao estudo da Sagrada Escritura" (NUNES, 1979, p. 151).

> No estudo da gramática usava-se o texto de Élio Donato (cerca de 350 d.C.) e o tratado de **Prisciano** (séc. VI d.C.). Serviam de livros de leitura obras interessantes e "fáceis" como as ***Fábulas de Aviano*** e os ***Disticha Catonis***, coleção de **sentenças morais** provenientes de Comodiano, cristão africano, mas atribuídas a Catão, o Velho (*Censorius*, o Censor). Os capítulos começam por trechos **poéticos**, pois os **versos** podiam ser gravados com mais facilidade e ajudavam também à pronúncia exata das palavras (NUNES, 1979, p. 156, grifos nossos).

Após apresentarmos brevemente o contexto em que se configurou a produção da versão *Sobre a menina salva dos filhotes de lobo*, atentaremos para os dados da obra e do autor apontados por Ziolkowski (2007, p. 100-104), grifando em negrito os trechos relacionados aos pontos por nós destacados, também por meio de negrito, na citação de Nunes (1979) acima.

Os versos latinos *Sobre a menina salva dos filhotes de lobo* são parte de uma extensa obra **poética** intitulada *A Nau Fecunda*. Segundo Ziolkowski (2007, p. 100-101), esse livro escolar em **verso** foi concluído entre 1022 e 1024 por Egberto de Liège, professor de trívio da escola Catedral de Liège, hoje no leste da Bélgica. Egberto escreveu *A Nau Fecunda* para os seus alunos, dividindo seus 2.373 **versos** hexâmeros sem rima em dois livros intitulados respectivamente: *Prora* (*Proa*), com 1.768 linhas, e *Puppis* (*Popa*), com 605 linhas. O livro *Proa* é composto por cinco seções: um prólogo (I. 1-4), uma sequência de **sentenças e provérbios** de uma linha (I. 5-596), outra de **sentenças e provérbios** de duas linhas (I. 597-1004), um epílogo (I.1005-1008), e uma miscelânea de peças mais longas como fábulas, sátiras e contos de cautela, adicionada em uma segunda redação (I. 1009-1768). Enquanto *Proa* tem um tom pedagógico, *Popa* é, em grande parte, catequizante, com acentuada instrução moral baseada na Bíblia e nos pais da Igreja (II. 1-605). A obra *A Nau Fecunda*, no entanto, ocupa um único manuscrito (Cologne, Erzbischöfliche Diözesanbibliothek, Dombibliothek codex 196, século XI, fols. 1r-63r). Egberto provavelmente a imaginou, assim supõe Ziolkowski (2007, p. 101), como possível e precoce concorrente que, em pleno século XI, pudesse vir a ser utilizada em pé de igualdade com os dois principais livros-padrão do programa curricular da escola elementar: o ***Disticha Catonis*** e as ***Fábulas* de Aviano**, presentes na citação acima.

Um conto para educar

Egberto, prossegue Ziolkowski (2007, p. 101), embora tenha se inspirado extensivamente na Bíblia e nos escritos patrísticos, investiu profundamente, como ele próprio reconheceu, no rico acervo das tradições orais que circulavam em sua região, uma zona fronteiriça entre as línguas e os grupos culturais germânico e românico, que, como vimos anteriormente, haviam sido unificados por meio do estabelecimento do Santo Império Romano Germânico de Ottone I, em 962. Pelo fato de muitos provérbios e textos de *A Nau Fecunda* se originarem da classe camponesa não alfabetizada, Sigebert de Gembloux, respaldando o caráter tradicional oral da origem dessas adaptações, no capítulo 146 do seu livro de escritores eclesiásticos datado de 1112, afirmou: "Egberto, clérigo de Liège, escreveu um livro em versos de estilo métrico sobre os dizeres dos camponeses, em princípio em poemas curtos, porém razoavelmente aumentados até tornarem-se, um após o outro, no livro, um tanto maiores, sempre respeitando a métrica [...]" (GEMBLOUX, 1112, p. s.n., apud VOIGT, 1889, p. xix, tradução nossa[7]).

---

[7] "Egebertus, clericus Leodiensis, scripsit metrico stilo de aenigmatibus rusticanis librum, primo breuem, sed ampliato rationis tenore scripsit de

O motivo de Egberto ter recorrido à tradição oral, afirma Ziolkowski (2007, p. 102) se assemelha à razão defendida pelos antigos gramáticos e retóricos que defendiam a importância das fábulas na educação elementar. Quintilianus, autor da Antiguidade, defende que as fábulas têm a propriedade de "desmamar" os jovens e as crianças dos contos infantis aos quais eles foram expostos antes de se matricularem nos estudos de gramática.

Wheatley (2000, p. 34), em sua obra *Mastering Aesop: medieval education, Chaucer, and his followers*, nos diz, a esse respeito, que durante séculos as fábulas estiveram sujeitas à herança clássica da prática curricular da *progymnasmata*, descrita por Quintilianus na obra *Institutio Oratoria* e codificada pela gramática de **Prisciano**, do século IV, na *Praeexercitamina* – o tratado de Prisciano está presente na citação por nós grifada com negrito na seção anterior como um dos livros utilizados no estudo de gramática nas escolas medievais. Tais obras explicitam a ideia de que as fábulas têm a capacidade de melhor favorecer a habilitação dos alunos nos primeiros níveis da escola elementar.

> Portanto, os alunos aprendem a parafrasear as fábulas de Esopo, que sucederam as histórias de suas progenitoras, narradas em linguagem simples e nem um pouco rebuscada, depois disso esse estilo simples se transferirá para a escrita; primeiro no sentido de os levar a

---

eadem re metrice alterum librum maiusculum […]" (GEMBLOUX, 1112, p. s.n., apud VOIGT, 1889, p. xix).

> resolver versos métricos, em seguida, a interpretar e substituir termos, e então a vertê-las decididamente em valorosas paráfrases; nisto é permitido tanto resumi-las quanto embelezá-las, contanto que a ideia do poeta permaneça intacta. III. Essa tarefa é difícil até mesmo para impecáveis professores, e aquele que aplica e manuseia bem essa arte será capaz de aprender qualquer coisa (QUINTILIANUS, 2009, p. 39, tradução nossa)[8].

Para Ziolkowski (2007, p. 102), tanto Quintilianus como Egberto apreciaram as vantagens de – para recorrer à terminologia que entrou em voga em séculos recentes – apropriar-se da "baixa cultura" nos estágios precoces de treinamento infantil para a aquisição dos elementos da "alta cultura".

Wheatley (2000, p. 35) afirma que Prisciano, em sua obra *Praexercitamina*, que veio a tornar-se "[...] um dos guias padrão da educação medieval", também assegura às fábulas um lugar de destaque no currículo e na metodologia de ensino em sala de aula:

> Uma fábula é um texto feito à semelhança da vida, projetando uma imagem da verdade em sua estrutura. É isso que

---

[8] "Igitur Aesopi fabellas, quae fabulis nutricularum proxime succedunt, narrare sermone puro et nihil se supra modum extollente, deinde eandem gracilitatem stilo exigere condiscant; uersus primo solvere, mox mutatis verbis interpretari, tum paraphrasi audacius vertere, qua et breviare quaedam et exornare salvo modo poetae sensu permittitur. III. Quod opus, etiam consummatis professoribus difficile, qui commode tractaverit cuicumque discendo sufficiet" (QUINTILIANUS, 2009, p. 39).

os pregadores oferecem em primeiro lugar às crianças, porque dessa maneira elas podem facilmente introduzir, de maneira impressionante, as mentes juvenis nas melhores coisas da vida (PRISCIANUS, apud XIVREY. Prefácio. In: PHAEDRI, 1830, p. 65, tradução nossa)[9].

No que diz respeito aos aspectos de produção relacionados ao elemento folclórico nos textos de *A Nau Fecunda*, Ziolkowski (2007, p. 102) é quem diz que, apesar de todos os argumentos lançados no prefácio dedicado a Adalboldo, no qual o autor medievo remete às suas fontes provindas dos camponeses, Egberto obviamente não está à altura de um coletor do folclore no sentido atribuído a esse termo nos séculos XX e XXI, e seria um equívoco julgá-lo como tal a partir da forma como hoje concebemos um coletor do folclore. Essa diferença pode ser atestada na forma escolhida por Egberto para apresentar seu conto: em verso e em latim, forma que de antemão não assume nenhuma marca de uma história oral. Por outro lado, ao compararmos a versão medieval com as duas versões mais difundidas que lhe sucederam: *Chapeuzinho Vermelho* de Perrault e *Chapeuzinho Vermelho* dos Grimm, verificamos que as últimas giram em torno de características da oralidade como a repetição e o diálogo entre: a mãe e a menina;

---

[9] "Fabula est oratio ficta verisimili dispositione imaginem exhibens veritatis. Ideo autem hanc primum tradere pueris solent oratores, quia animos eorum adhuc molles ad meliores facile vias instituunt vitae" (PRISCIANUS, apud XIVREY. Prefácio. In: PHAEDRUS, 1830, p. 65).

o lobo e a menina; o lobo e a avó; a menina e o lobo como suposta avó. Em contraste, o poema latino é estenográfico e contém somente uma fala que se restringe a duas linhas.

Para Ziolkowski (2007), as diferenças entre os 14 hexâmetros que compõem o conto de Egberto e o gênero conto tradicional oral são indiscutíveis: o poema de Egberto é escrito em um estilo resumido, típico de *A Nau Fecunda*, enquanto o conto tradicional é oral; o poema de Egberto constitui um texto último e permanente, o conto tradicional, por outro lado, é uma performance única; o poema *Sobre a menina salva dos filhotes de lobo* se destina à sala de aula, enquanto o conto tradicional destina-se a outras ocasiões sociais.

Portanto, prossegue o autor, quando Egberto alega no primeiro verso de sua versão que os camponeses (*pagenses*) podem contar o conto tal como ele o faz, o professor da Catedral de Liège o diz no sentido de que a gente do campo pode narrá-lo sim, mas em linguagem e estilo diferentes. Essa possível forma de visão, presente em sua época, precisa ser destacada pelo fato de que posteriormente, no Período Clássico, o homem educado visualiza a distância entre os elementos das culturas populares e da cultura letrada como um abismo aberto entre ambas, passando a ver as histórias, músicas e outras expressões culturais dos povos humildes como merecedoras de coletâneas. Os motivos do registro dos elementos provenientes das culturas populares na Idade

Média diferiram, pois, imensamente dos motivos que levaram a coletas nos períodos Clássico e Moderno.

Ainda com todos esses adendos, Ziolkowski (2007, p. 102-104) considera que Egberto pode e deve ser considerado um coletor do folclore de um tipo singular que pode ser encontrado por volta do ano mil, caracterizado de maneira geral como um membro masculino da classe letrada que, para doutrinar jovens, fez uso de um material de uso corrente entre as pessoas comuns.

A Menina da túnica vermelha

Na versão publicada por Egberto, apresentada na íntegra ao fim deste capítulo, uma menina de cinco anos, ao ser batizada no Pentecostes, recebe uma túnica vermelha do seu padrinho. Um dia, andando desatenta, ela é capturada por um lobo que a leva para ser devorada pelos seus filhotes. Os filhotes do lobo, embora a tentem comer, não o conseguem e aos poucos passam a lambê-la docilmente, pois a menina é protegida por Deus por intermédio de sua túnica de batismo.

No prefácio de seu livro, Egberto tanto justifica o destino de seu uso no ensino do trívio, como trata das fontes tomadas a partir da tradição oral, fixando, em seguida, sua proposta pedagógica na exploração desse acervo popular (ZIOLKOWSKI, 2007, p. 101). Egberto chega a afirmar, como se faz evidente em um trecho de sua dedicatória, que a tradição oral é como um precioso recurso de ensino por se apresentar, de uma só vez, familiar ao cotidiano dos falantes da língua nativa, e original quando escrita na língua aprendida.

Ziolkowski (2007, p. 104) também nos chama atenção para o fato de que, aquele que avalia um texto escrito que pretende apresentar uma versão de um conto tradicional oral deve tanto medir a autenticidade das fontes como o seu tratamento ou uso.

Quanto à autenticidade, prossegue o autor, há dois elementos a se considerar no poema em questão: o primeiro deles pode ser atestado na fala de Egberto na dedicatória de sua obra feita a Adalboldo em que ele afirma ter buscado fontes das tradições populares; o segundo se faz presente na primeira linha do poema, em que o autor assegura que os camponeses (*pagenses*) contam a mesma história. Embora se possa levantar a hipótese de que Egberto tenha mentido na primeira linha do poema, é possível concluir que ele não ganharia nada de sua audiência com isso; pelo contrário, ele poderia ver ameaçada sua autoridade, pois os meninos saberiam que a história não era de origem popular.

No que tange ao tipo de autenticidade no sentido de se questionar – na produção de Egberto – "o que" ele tomou dos camponeses, e "o que ele fez" com isso, Ziolkowski (2007, p. 104) aponta que, apesar de toda a honestidade do autor de *A Nau Fecunda* acerca das fontes, ele se torna retraído ao enumerar as modificações introduzidas nos contos tradicionais orais.

Inevitavelmente, como vimos, a tradução para o latim promoveu uma alteração do estilo oral do conto tradicional. Já no que se refere às mudanças de conteúdo, a questão não pode ser respondida seguramente sem que se compare a versão escrita às extintas fontes tradicionais orais camponesas. Segundo Ziolkowski (2007), é possível inferir que o conto oral apresentava uma menina como protagonista, pois, levando-se em conta a natureza masculina de sua audiência, seria pouco provável que Egberto transformasse uma personagem masculina em feminina.

Elementos religiosos no relato também atestam possíveis modificações, como a presença do padrinho da criança, do batismo na pia batismal efetuado no dia de Pentecostes, da veste batismal, e da referência a Deus como salvador da menina por intermédio da túnica vermelha com que foi batizada, elementos comuns e cotidianos da época, fundamentais para o processo educacional de então.

No entanto, se por um lado o saber cristão medieval pode ter promovido a inclusão de certos elementos religiosos no conto adaptado por Egberto, por outro, tal saber pode haver excluído elementos populares e camponeses. No que diz respeito, por exemplo, à relação da educação medieval religiosa com as questões sexuais, levando-se em conta a possibilidade de o conto tradicional oral camponês ter sido um conto de iniciação sexual feminina, podemos inferir que a ausência do tema no relato de Egberto se dê em virtude da negação da sexualidade na constituição do saber religioso medieval, sobretudo considerando-se ser o autor um professor e um religioso a escrever uma obra destinada ao ensino em instituições religiosas.

Sobre a menina salva dos filhotes de lobo
Egberto de Liège, 1023

O que tenho a relatar os camponeses o podem contar tal como o faço,
E por mais maravilhoso que pareça é a mais pura verdade:
Um homem apadrinhou, na pia batismal, uma menina
A quem deu uma túnica tecida com lã vermelha;

O dia santo de Pentecostes foi a data desse batizado.
Ao nascer do sol, a menina, que havia recém-completado cinco anos,
Caminhou sem rumo, desatenta ao perigo que corria.
Um lobo a apanhou, seguiu para os covis silvestres,
Levou-a e entregou-a como uma caça para que os seus filhotes a devorassem.
Esses se lançaram sobre ela de uma só vez, e como não lograram feri-la,
Começaram, livres de sua agressividade, a lamber-lhe a cabeça.
"Não me estraguem esta túnica, seus ratos", disse a menininha,
"Que o meu padrinho me deu ao me acolher na pia batismal!"
Deus, o criador desses, acalma seus espíritos cruéis.

LÜTTICH, E. *Fecunda Ratis* II, 472-485, 1023 (VOIGT, 1889, p. 305-306, tradução nossa[10]).

---

10 *"De puella a lupellis seruata* / Quod refero, mecum pagenses dicere norunt, / Et non tam mirum quam ualde est credere uerum: / Quidam suscepit sacro de fonte puellam, / Cui dedit et tunicam rubicundo uellere textam / Quinquagesima sancta fuit babtismatis huius, / Sole sub exorto quinquennis facta puella; / Progreditur uagabunda sui inmemor atque pericli, / Quam lupus inuadens siluestria lustra petiuit/ Et catulis predam tulit atque reliquit edendam. / Qui simul aggressi, cum iam lacerare nequirent, / Ceperunt mulcere caput feritate remota. / 'Hanc tunicam, mures, nolite', infantula dixit, / 'Scindere, quam dedit excipiens de fonte patrinus!' / Mitigat inmites animos deus, auctor eorum" (LÜTTICH, E. *Fecunda Ratis* II, 472-485, 1023. In: VOIGT, 1889, p. 305-306).

Para a educação clássica, a versão de Perrault

A literatura infantil é considerada um dos mais recentes gêneros literários, afirma Zilberman (2003). As primeiras obras destinadas a esse público foram publicadas no fim do século XVII e durante o século XVIII. A inexistência do gênero antes desse período se deve ao fato de que até então não havia uma preocupação especial com a infância. "A nova valorização da infância gerou maior união familiar, mas igualmente meios de controle do desenvolvimento intelectual da criança e manipulação de suas emoções" (ZILBERMAN, 2003, p. 15), substituindo o sistema anterior respaldado por laços de parentesco que visavam à manutenção da propriedade e da linhagem aristocrática e, em consequência, da supremacia dessa última sobre a plebe.

Surgiu, nesse contexto, a idealização da infância fundada em teorias que postulam, de um lado a dependência da criança, em virtude dos aspectos fisiológico e transitório dessa faixa etária, de outro sua inocência natural, concebida como inexperiência que tanto precisava ser preservada idealmente quanto necessitava ser gradativamente destruída pela prática pedagógica que visava preparar o infante para a vida adulta.

Ainda durante o século XVII, ressalta Ariès (1981), o conceito de inocência infantil desembocou em uma atitude moral de caráter duplo com relação à faixa etária infantil: "[...] preservá-la da sujeira da vida, e especialmente da sexualidade tolerada [...] entre os adultos; e fortalecê-la, desenvolvendo o caráter e a razão" (ARIÈS, 1981, p. 146).

A adaptação de Perrault a partir de um conto tradicional oral de iniciação sexual feminina foi publicada nessa época. Sua versão, mediada por mecanismos de poder que almejavam restringir a maneira de tratar a sexualidade diante das crianças, dentro do projeto pedagógico nascente, redefinia e delineava essa abordagem no novo quadro familiar burguês que se estabelecia.

Foucault (1988), em sua obra *A história da sexualidade 1: vontade de saber*, afirma que o século XVII se estabeleceu como o início de um período de repressão sexual burguesa do qual ainda não nos encontramos totalmente libertos. A partir de então, tornou-se mais difícil e custoso nomear o sexo, controlando-se sua livre-circulação no discurso, expulsando-o e apagando algumas palavras que o tornam presente. Assim, afirma o autor, foram estabelecidas regiões de tato e discrição, senão de absoluto silêncio, a respeito desse tema.

Dentre tais regiões, destacamos aquelas que se estabeleceram nas relações que envolviam diretamente a criança, sejam elas: pais e filhos, educadores e alunos.

Para o autor, essa economia restritiva, integrada na política da língua e da fala, acompanhou as redistribuições sociais do Período Clássico. A sexualidade das crianças e adolescentes doravante se apresentou como um objeto fundamental ao redor do qual se erigiram dispositivos institucionais e estratégias discursivas.

É preciso controlar disciplinarmente a infância

Para melhor compreendermos o alcance do conto por nós abordado, vejamos a que níveis se estendeu a disciplina clássica. Foucault (1987) afirma no livro *Vigiar e punir*, publicado pela Editora Vozes, que "[...] as disciplinas se tornaram no decorrer dos séculos XVII e XVIII fórmulas gerais de dominação" (FOUCAULT, 1987, p. 118). Seus métodos, considera o autor, possibilitaram o controle das operações do corpo, efetivando um tipo de sujeição que impôs aos corpos uma obediência dócil que visava torná-los úteis por meio das políticas de coerção. "O poder disciplinar é com efeito um poder que, em vez de se apropriar e de retirar, tem como função maior 'adestrar'; ou sem dúvida adestrar para retirar e se apropriar ainda melhor" (FOUCAULT, 1987, p. 143; grifo do autor).

Se a disciplina em alguns casos fez uso do isolamento do indivíduo em prisões, hospitais e quartéis, também lançou mão tanto da instituição escolar, que fechou suas portas ao mundo e internou a criança em um estado de quarentena ao "prepará-la" para a vida adulta, quanto do estatuto da literatura infantil que, isolando a criança por meio de um domínio discursivo e de uma abordagem pedagógica, pôs em prática restrições e censuras destinadas especificamente à sua faixa etária – produzidas, entretanto, por adultos.

A própria literatura infantil se isolou à medida que, por meio de sua linguagem, abordagem pedagógica e destinação etária, surgia separada dos demais gêneros literários. Por meio desse isolamento, os livros desse período destinados a crianças, ao mesmo tempo em que contribuíam com a meta disciplinar de promover uma vigilância constante fazendo parte desse sistema integrado à medida que se visava inserir sua leitura nos momentos da criança que fossem de difícil acesso aos adultos – de lazer e fantasia –, disseminavam a sanção normalizadora, tanto por meio da veiculação das normas sociais burguesas como por intermédio da exemplaridade comum ao gênero que expunha e apregoava, de maneira clara, o mecanismo de sanção.

Para Zilberman (2003), foi justamente quando a literatura infantil se tornou instrumento de doutrinação ideológica utilizado no contexto escolar que as forças de ambas as instituições se assomaram no sentido de envolver a criança em uma situação de dependência e fragilidade e enredá-la nos comportamentos e normas sociais que ela devia assumir e cumprir.

O gradativo aperfeiçoamento da escola e, concomitantemente, dos mecanismos disciplinares no decorrer do período Clássico e do período Moderno, contou com essa junção entre escola e literatura infantil.

Isso se deu, de um lado, por meio do duplo sistema punitivo sanção-gratificação que, qualificando o comportamento nos extremos bom e ruim, tornou ainda mais eficiente a normalização. Podemos observar esse sistema em obras literárias que valorizavam a gratificação final ao bom aluno e puniam o mau. Os Grimm fizeram uso em sua versão de *Chapeuzinho Vemelho*, desse sistema em substituição ao suplício presente na versão de Perrault, como veremos mais adiante.

De outro lado, esse aperfeiçoamento da escola e dos mecanismos disciplinares materializou-se no exame, que combinava a hierarquia vigilante e a sanção normalizadora. Essa combinação podia ser observada na obrigatoriedade da leitura de livros impregnados de normas disciplinares com o intuito de garantir a disseminação dos valores escolares burgueses, e na aplicação de exames para aferir a qualidade da leitura, a compreensão e a assimilação dos valores e dos discursos burgueses veiculados nas obras desse gênero.

Situamos, portanto, a versão de Perrault no âmbito das punições disciplinares, apontadas por Foucault (1987, p. 149) como sistemas que ocupam a lacuna deixada pelas leis e que, ao mesmo tempo, "[...] qualificam e reprimem um conjunto de comportamentos que escapa aos grandes sistemas de castigo por sua relativa indiferença". Assim como nas oficinas, nas escolas e no exército (FOUCAULT, 1987), também na literatura infantil, especificamente nos diversos elementos da versão *Chapeuzinho Vermelho* de Perrault,

[...] funciona como repressora toda uma micropenalidade do tempo ([...] interrupção das tarefas), da atividade (desatenção [...]), da maneira de ser ([...] desobediência), dos discursos (tagarelice [...]), do corpo (atitudes incorretas [...]), da sexualidade ([...]indecência). [...] Trata-se, ao mesmo tempo, de tornar penalizáveis as frações mais tênues da conduta e de dar uma função punitiva aos elementos aparentemente indiferentes do aparelho disciplinar: levando ao extremo, que tudo possa servir para punir a mínima coisa; que cada indivíduo se encontre preso numa universalidade punível-punidora. [...] O que pertence à penalidade disciplinar é a inobservância, tudo o que está inadequado à regra, tudo o que se afasta dela, os desvios (FOUCAULT, 1987, p. 149).

Perrault lança a primeira obra destinada a crianças

O livro *Histórias ou contos de antigamente com moralidades*, publicado em 1697, pode ser considerado o primeiro título do gênero literatura infantil, em virtude da obra *Fábulas* [1668], de La Fontaine, dentre outras a ele anteriores, não haver sido publicada com assumida destinação ao público infantil, embora tenha sido largamente utilizada pelo posterior projeto pedagógico escolar burguês.

Já em 1695, com a publicação da coletânea *Contos em verso,* sobretudo pela inclusão do conto *A pele de Asno,* o trabalho de Perrault assumia as primeiras características de produção parcialmente destinada ao público infantil, como afirma Coelho (1991).

Publicado em 1697 – com grande parte dos manuscritos originais datados de 1695 –, *Histórias ou contos de antigamente com moralidades* é considerado o primeiro livro assumidamente destinado a crianças, com autoria atribuída à Pierre Perrault D'Armancour[11], o filho

---

11 Pierre Perrault D'Armancour nasceu em 21 de março de 1678 (PERRAULT, 2007, p. 81).

de Charles Perrault, que embora tenha se apresentado como uma criança na dedicatória do livro, o que levou historiadores a suporem que tivesse apenas dez anos na ocasião da publicação (ZIOLKOWSKI, 2007, p. 96), já havia completado dezessete no ano de produção dos manuscritos[12] da obra e quase dezenove na ocasião de sua publicação. O livro foi dedicado à Senhorita (*Mademoiselle*) Élisabeth-Charlotte d'Orléans[13].

Apesar de várias especulações já lançadas com relação à verdadeira autoria do livro, Coelho (1991) crê na possibilidade de Perrault, preocupado com a sua imagem de escritor culto diante da Academia Francesa, ter atribuído a autoria da obra a seu filho. A esse respeito, afirma Bettelheim (1980, p. 204-205):

> [...] seu livro se destinava à diversão da corte de Versalhes. Perrault não só embelezava as estórias, como usava de afetação, fingindo que os contos eram escritos por seu filho [...]. Nos comentários e preceitos morais que Perrault acrescentava às estórias, ele falava como se estivesse piscando para os adultos por cima da cabeça das crianças.

Os contos do livro são comumente classificados como contos de fadas. Outro aspecto a ser destacado nos contos dessa coletânea é a presença da moral em

---

12 Em 1695 "A *Epístola a Mademoiselle*, assinada "P.P.", a *Bela Adormecida, O Chapeuzinho Vermelho, Barba Azul, O Mestre Gato ou o Gato de Botas, As Fadas* são copiados por um calígrafo num manuscrito com as armas de Mademoiselle" (PERRAULT, 2007, p. 219).

13 Élisabeth-Charlotte d'Orléans [1676-1744], filha de Charlotte-Élisabeth de Bavière e de Philippe d'Orléans, irmão de Luís XIV (PERRAULT, 2006).

forma de versos, que ao fim das histórias indica normas de comportamento a se seguir.

A obra reúne oito contos, dentre eles *Chapeuzinho Vermelho*. "Na base do trabalho de adaptação, está o conceito de que a ingenuidade da mentalidade popular identifica-se com a ingenuidade da mentalidade infantil" (CADEMARTORI, 1986, p. 39). Para a autora, a obra consiste em adaptações de temas populares, nas quais se acrescentam detalhes agradáveis aos gostos das classes destinatárias de seus contos, sejam elas a burguesia emergente, afirma Cademartori (1986), e a nobreza, assegura Bettelheim (1980).

O conto popular *Chapeuzinho Vermelho*, outrora apresentado oralmente sem endereçamento específico à infância, doravante estaria munido de caráter admonitório, punitivo e moralizante, direcionado especificamente à criança, conclui Cademartori (1986).

Considerando o quanto se tornou conhecida, apresentamos um breve resumo dessa versão (PERRAULT, 2006; 2007; 2010; 2019): a mãe pede a Chapeuzinho Vermelho que leve um cesto de comida para a avó doente. No caminho ela é abordada por um lobo e lhe diz para onde está indo. O lobo segue por um atalho, chega à casa da avó fingindo ser a neta e devora a velhinha, enquanto a menina se distrai pelo caminho mais longo. O lobo, fingindo ser a avó, espera a menina, que chega ao seu destino e se deita na cama com ele. Pensando tratar-se de sua avó, ela lhe pergunta por que são tão grandes seus braços, suas pernas, seus olhos e seus dentes. O lobo, depois de dar as respostas, devora a menina. Depois do conto, é apresentada uma moral de advertência destinada às crianças, sobretudo às meninas.

A bem-sucedida versão dos Irmãos Grimm

Para Zipes (1993, p. 31), *Chapeuzinho Vermelho* de Perrault teve uma admirável e bem-sucedida acolhida no século XVIII. De fato, ele foi um dos poucos contos de fadas literários na história que, devido à sua universalidade, ambivalência e habilidosa insinuação sexual, foi reabsorvido pela tradição oral popular. Como resultado de sua maciça circulação impressa nos séculos XVIII e XIX e de sua propagação mesmo entre os camponeses, ele tocou a oralidade e levou à criação de um dos mais populares contos dos Grimm.

A primeira tradução do conto de Perrault para o alemão surgiu em 1790, mas é necessário ressaltar, com base em Zipes (1993, p. 32), que todos os filhos da aristocracia e da burguesia alemã liam francês ou tinham uma babá francesa. Por essas razões, o conto de Perrault tornou-se bastante conhecido na Alemanha, particularmente como um habilidoso conto didático para crianças justamente em um momento em que se considerava necessário criar as crianças com maior prudência e com mais pudor. Contudo, para os Irmãos Grimm o conto talvez soasse muito cruel, muito sexual e muito trágico. Provavelmente, eles consideraram necessário higienizá-lo para o processo de socialização burguês do século XIX e adaptá-lo em conformidade com a emergente imagem vitoriana a respeito das meninas e do comportamento a elas adequado.

Zipes (1993, p. 32), contrariando o que assumem alguns estudiosos dos Grimm, defende que sua versão de *Chapeuzinho Vermelho* não foi nenhum conto germânico por eles escutado ou coletado de uma louvável senhora chamada Maria, de Hesse[14], como por muito tempo foi sustentado por Herman Grimm, o filho mais velho de Wilhelm e detentor dos escritos dos irmãos após a sua morte. Segundo Herman, Maria havia sido a velha ama dos sogros de Wilhelm. No entanto, Heinz Rölleke, da Universidade de Wuppental, deixou bem claro, após estudar esmiuçadamente tais escritos, que o conto *Chapeuzinho Vermelho*, entre outros de seus contos conhecidos, como *A bela adormecida* e *Branca de Neve*, foi recolhido pelos Grimm, entre 1811 e 1812, de Marie Hassenpflug, amiga e, posteriormente, cunhada de Charlotte – irmã dos Grimm e esposa do irmão de Marie. Pertencente a uma família de ascendência alemã e franco-huguenote, de fala e costumes franceses, Marie cresceu em Hanau[15], um povoado de Hesse emi-

---

14 Região hoje correspondente a um dos 16 estados atuais da Alemanha, localizado na região central do país.
15 Cidade localizada em Hesse, Alemanha, local de origem da família Grimm onde nasceram Jacob e Wilhelm.

nentemente francês, tendo seus contos provindo não de fontes folclóricas predominantemente germânicas de Hesse, como se sustenta frequentemente, mas da França, dos escritos de Perrault.

Rölleke ressalta ainda, prossegue Zipes (1993, p. 32), que assim como Marie contribuiu com histórias para a coleção dos Grimm desde 1808, outros membros da família da moça, imersos na cultura francesa, exerceram uma grande influência sobre os Irmãos Grimm. Ademais, esses últimos tinham familiaridade com a adaptação em verso do conto *Chapeuzinho Vermelho*: *Vida e Morte da jovem Chapeuzinho Vermelho*, escrita em 1800 por Ludwig Tieck com base no conto de Perrault, sendo até mesmo provável, afirma Zipes (1993, p. 32), que Jacob e Wilhelm tenham conhecido os originais de Perrault em sua juventude.

Zipes (1993) prossegue em sua argumentação informando-nos que, a partir de comparações entre *Chapeuzinho Vermelho* dos Grimm e *Chapeuzinho Vermelho* de Perrault, Harry Velten constatou que o conto dos Grimm é, de fato, uma adaptação da versão de Perrault. Em suma, afirma Zipes (1993, p. 32), quando os irmãos Grimm retocaram *Chapeuzinho Vermelho* para a sua coleção de 1812 – ano em que surge a primeira versão de Jacob e Wilhelm para o conto –, eles trabalharam intencionalmente com uma tradição literária burguesa, efetivando mudanças significativas que refletiam as transformações sociais tanto no modo de conceber a infância como na maneira como as crianças deveriam ser criadas.

A maior mudança feita pelos irmãos Grimm foi o final feliz, tomado provavelmente do conto *O lobo e os sete cabritinhos*, no qual o lobo é morto e seu ventre é recheado de pedras, afirma Colomer (1996, p. 8). Na primeira versão dos Grimm, datada de 1812, os irmãos adicionaram um anticlímax moral: algum tempo depois de ter ameaçado a menina e de ter sido vencido, outro lobo abordou Chapeuzinho Vermelho na floresta. Desta vez a menina recorreu diretamente à sua avó que lhe instruiu sobre como enganar o lobo, que foi então vencido por ambas, afogando-se.

Em 1819, destaca Colomer (1996, p. 9-10), os irmãos Grimm publicaram uma nova edição de sua obra, destinada explicitamente a crianças, introduzindo novas mudanças no conto *Chapeuzinho Vermelho* – como em outros contos –, para que se tornasse mais adequado aos seus destinatários. A partir de então (GRIMM; GRIMM, 1857), um caçador é quem salva a menina e a sua avó, depois de terem sido devoradas pelo animal, e lhe enchem a barriga com pedras que causam a sua morte quando ele acorda e tenta escapar. Nessa segunda versão, foram ainda suprimidas a nudez do lobo e da menina – o lobo usa as vestes da avó e não pede que a menina se desnude – e foi adicionada a advertência explícita da mãe no início do conto: "Não deixe o caminho [...]" (GRIMM; GRIMM, 2002, p. 8) ao que a menina promete: "Não se preocupe, mamãe, que eu faço tudo direitinho" (GRIMM; GRIMM, 2002, p. 8), o que permite o propósito final do conto, no qual se arremata: "Chapeuzinho Vermelho deu graças a Deus por estar viva e prometeu a si mesma nunca mais se desviar do caminho, nem andar sozinha pela mata, se a mãe dela proibisse" (GRIMM; GRIMM, 2002, p. 14).

A autora afirma que o conto continuou, portanto, sob sua forma explicitamente educativa, embora o tema sexual tenha deixado de ocupar o primeiro plano. Desse modo, conclui Colomer (1996, p. 10), *Chapeuzinho Vermelho* se converteu em um conto definitivamente infantil, com um final feliz e uma mensagem educativa sobre a obediência devida.

Obviamente, ressalta Zipes (1993, p. 33), os irmãos alemães consideraram o final do conto francês muito cruel e sexual. Contudo, o que nos chama mais atenção é o fato de que a personagem Chapeuzinho Vermelho foi transformada pelos Grimm em uma menina ainda mais ingênua, indefesa e que deve ser punida por sua transgressão, explicitada claramente como desobediência e complacência para com os prazeres sensuais. Enquanto Perrault mata a menina, Jacob e Wilhelm permitem que ela seja salva por sua perspicaz avó em sua primeira e provisória versão, e por um caçador do sexo masculino em sua segunda e consagrada versão. Sem essa proteção, ela se vê desorientada e é incapaz de lidar com estranhos.

Para Zipes (1993, p. 34), o que era um conto oral sobre iniciação sexual e sobre os perigos da floresta, tornou-se, com o refinamento e a sofisticação final dos Grimm, uma mensagem-código sobre a racionalização do corpo e do sexo. Doravante as medidas disciplinares deveriam ser tomadas contra todas as meninas de chapeuzinho vermelho do mundo.

As versões se multiplicam

Acerca da trajetória do conto que é tema do nosso livro, a partir de 1846 as versões se multiplicaram e se espalharam pelo mundo. Zipes (1993, p. 37) afirma que no século XIX e no início do século XX, as versões de *Chapeuzinho Vermelho* de Perrault e dos Grimm exerceram um papel crucial no processo de socialização da França e da Alemanha, além de terem sido traduzidas e adaptadas com tanta frequência que passaram a compor os cânones literários da educação infantil na Europa e na América. Para Colomer (1996, p. 13-14), as versões de *Chapeuzinho Vermelho* que figuraram durante o século XIX e no início do século XX prosseguiram, em seu intuito moral, a coincidir com a concepção predominante da literatura infantil como instrumento educativo.

Enquanto na França preponderaram versões com base em Perrault, destacando o aspecto sensual do conto, na Alemanha, como era de se esperar, predominaram as versões com base nos Grimm. Como essa última já se encontrava de alguma maneira mais atualizada no que diz respeito aos valores disciplinares e de censura para a infância, as versões alemãs sofreram modificações menos significativas, tendendo principalmente para uma infantilização cada vez maior, o que leva Zipes (1993, p. 40) a afirmar que enquanto o erotismo e o jogo de sedução pareciam capturar a imaginação do francês, o alemão aparentava estar mais preocupado com a lei e a ordem.

Enquanto na Inglaterra e nos Estados Unidos *Chapeuzinho Vermelho* apresentou versões com ambas as tendências, no Brasil, destacou-se a versão escrita e musicada por Braguinha em 1946: *O Chapeuzinho Vermelho* (BARRO, 1995), adaptada, perceptivelmente, do conto dos Grimm, pois segue o mesmo caráter didático e pueril, predominante na Alemanha, que valorizava a obediência ao adulto e a dependência infantil. Algumas distinções decorrentes da crescente moralização das obras destinadas ao público infantil podem ser detectadas nesta versão, como, por exemplo, a substituição do vinho por doces e frutas e o fato de a menina nem mesmo chegar a ser engolida pelo lobo como na versão dos Grimm da qual foi adaptada. A história, assinada por Braguinha, alcançou ampla divulgação por meio da radiodifusão e da reprodução fonográfica, figurando posteriormente como um dos volumes da coleção *Disquinho*, prensada em compactos de vinil produzidos pela Continental desde a década de 1940 no Brasil. Cabe destacar a remasterização da coleção em CDs na década de 1990 e a edição de alguns dos contos da coleção em livros ilustrados pela Editora Moderna.

No período das Grandes Guerras *Chapeuzinho Vermelho* ganhou atributos políticos, vindo a ser utilizado em litígios dessa ordem até mesmo por pontos de vista antagônicos, como, por exemplo, na disputa entre nazistas e antinazistas. Por um lado, uma valorização dos contos de Grimm nos discursos políticos nazistas levou à comparação do lobo com o judeu, inimigo a ser vencido: é celebre a versão de *Chapeuzinho Vermelho* criada pelo III Reich na qual o lobo representava o inimigo judeu, ressalta Marín (2005, p. 28). Por outro lado, cita Zipes (1993, p. 54-55), a versão de Ulrich Link, publicada em 1937 no jornal diário *Münchner Neueste Nachrichten*, trazia o lobo figurando o nazismo e Chapeuzinho Vermelho representando a Liga das Donzelas Alemãs que iria visitar à sua avó Ariana no Clube Socialista Nacional levando a ela donativos e vinho ancestral. Nessa versão, destaca o autor, ocorre uma ruptura para com o conformismo, pois a menina, após ser assediada e devorada pelo lobo Nazi, que nesse caso representa a força do Estado, é libertada pelo movimento de subversão à ordem, invertendo a tendência de acomodação, obediência e submissão, comum às versões anteriores de *Chapeuzinho Vermelho*.

Na Espanha, lembra Marín (2005, p. 28), a ditadura de Franco tentou impor o título *Caperucita Encarnada* (cor de carne), tamanha a inquietude do governo ante a palavra *Roja* (vermelha) pelo fato do adjetivo abrir precedentes à relação da heroína com os comunistas, e, consequentemente, do lobo com a ditadura, em possíveis interpretações políticas do conto.

Foi na segunda metade do século XX, ressalta Colomer (1996, p. 14), que ocorreram mudanças decisivas na produção da literatura infantil, renovações essas perfeitamente perceptíveis nas versões de *Chapeuzinho Vermelho* que doravante se distinguiriam substancialmente dos contos de Perrault e dos Grimm. Tais transformações derivaram de diferentes teorias interpretativas de caráter ideológico e psicanalítico.

Por volta dos anos de 1950-1960, afirma Colomer (1996, p. 14-16), a visão dos contos populares como expressão de uma sociedade em perigo, como atestado na utilização do conto *Chapeuzinho Vermelho* na II Guerra Mundial, levou a um descaso com relação a eles e à impossibilidade de aceitar a sua moral repressiva. Surgem nesse clima versões de *Chapeuzinho Vermelho* que buscam suprimir a carga de violência e submissão para introduzir valores de imaginação, perdão e reconciliação: a avó, em alguns casos deixa de ser devorada escondendo-se no armário, o lobo não é morto, mas sim preso para se redimir, a menina perdoa o malfeitor.

Em meados dos anos de 1970, prossegue Colomer (1996, p. 16), o impacto das teorias psicanalíticas atuou como fator que desencadeou a reivindicação pelas formas tradicionais, defendendo-se que tais formas cumprem por si a função educativa realmente requerida pelas crianças. Esse retorno das duas versões mais famosas ao universo escolar, no que diz respeito à *Chapeuzinho Vermelho*, promoveu uma preferência pela versão dos Grimm – considerada nesse contexto uma adaptação direta de um conto tradicional oral, portanto uma versão folclórica –, em detrimento da versão de Perrault com uma moral excessivamente repressiva e punitiva para os padrões então vigentes.

As versões de *Chapeuzinho Vermelho* produzidas a partir do final da década de 1970, em adaptação aos novos valores morais, refletem, para Colomer (1996, p. 16-17), valores educativos e tendências literárias características da literatura infantil do período. Essas adaptações apresentam, em primeiro lugar, a ruptura de algumas barreiras de proteção infantil, de modo que a violência expurgada nas décadas anteriores pode reaparecer em alguma medida, mediada pelos seguintes recursos: a violência é apresentada de maneira calculada e gradativa entre cenas menos impactantes, por um lado permitindo o castigo ao lobo, por outro, controlando a cena em que o lobo devora a menina; a distância humorística inverte situações de tensão e violência não apenas entre o lobo e a menina – como numa versão em que ela não teme o lobo, vindo mesmo a matá-lo para ter sua pele como vestimenta –, mas também entre o lobo e o caçador – quando, por exemplo, o caçador é preso por matar ou ameaçar o lobo; e também com relação às personagens positivas do conto, podendo mesmo levar a uma abordagem legal da situação do conto – como no caso de uma versão em que advogados solicitam legalmente que o lobo desocupe a casa da avó e pare de vestir suas roupas. Em segundo lugar, temos a introdução de valores ou preocupações próprias da atualidade, como a visão feminista que, criticando meninas medrosas, passivas e catatônicas, valorizará mulheres valentes, aventureiras e corajosas, e a visão ecológica por meio da reivindicação dos protetores da natureza contra o extermínio dos lobos.

Sem dúvida, assegura Colomer (1996, p. 17), a ampliação das fronteiras da permissividade e a adoção de novos valores não implicam a anulação de limites à adequação moral, senão a sua simples transformação. Assim, a substituição de uma moralidade por outra é uma característica mais típica da literatura infantil dos anos de 1970, enquanto o jogo desprovido de moral se estende durante a década de 1980, época em que o transgressor não é castigado ou em que o conto se converte em simples jogo de humor metaliterário.

Como consequência, a defesa de novos valores de respeito social deu espaço a uma vigilância militante, como na versão "politicamente correta", que tenta a um só tempo abranger aspectos etários (defesa dos idosos e das crianças), sexuais (combate ao caráter sexista), ambientais (defesa dos direitos dos animais e crítica à depredação humana da natureza), alimentares (proposta de uma alimentação saudável e natural ou crítica a empresas de alimentação multinacionais) e comunitários (apregoa práticas morais para a vida em comunidade).

Parte 3

Chapeuzinho na escola

Deu a louca na Chapeuzinho

A animação cinematográfica *Deu a louca na Chapeuzinho* (*Hoodwinked*) teve o roteiro assinado por Todd Edwards, Cory Edwards e Tony Leech. Com direção de Cory Edwards, sua produção e seu lançamento ficaram a cargo da The Weinstein Company.

Apesar de não contar com os recursos e a tradição dos grandes estúdios de animação, o filme apresenta personagens bem construídas e um enredo inteligente, bem elaborado e divertido.

Embora em alguns momentos o ritmo do filme pareça se arrastar nos seus 81 minutos de duração, a criativa paródia pode proporcionar importantes reflexões em sala de aula sobre a nossa sociedade de consumo e sobre a relevância de nos abrirmos para distintos pontos de vista.

Na animação, lançada em 2005 (CHAPEUZINHO, 2005), livros de receitas das confeitarias e docerias da floresta são roubados um a um, ocasionando a falência desses estabelecimentos comerciais. Resta apenas a bem-sucedida empresa da avó de Chapeuzinho Vermelho, onde a neta trabalha como entregadora. Enquanto a menina do capuz vermelho sai para mais uma entrega, conduzindo com cuidado o precioso livro de receitas de sua família, ela observa as outras lojas fechadas e encontra-se com o lobo na floresta. Ao chegar à casa da avó, instaura-se uma cena baseada em um trecho da versão dos irmãos Grimm que reúne, a um só tempo, quatro personagens do conto: o lobo vestido de avó; Chapeuzinho com a cesta de doces, onde ocultara o livro de receitas da empresa de sua família; a avó amarrada e fechada no armário; o lenhador que invade a casa com o seu enorme machado – em algumas adaptações feitas a partir do conto dos Grimm, o caçador foi substituído por um lenhador. A polícia da floresta chega a tempo e leva os quatro suspeitos para o procedimento de inquérito. Utilizando meios de controle, de vigilância e de dedução, o inspetor Nick Pirueta – um sapo – toma todos os depoimentos a partir das diferentes visões dos elementos suspeitos. Cada um dos envolvidos traz à tona um ponto de vista singular que se une aos demais para possibilitar uma visão ampliada a partir dos vários ângulos, o que leva à resolução do crime. A conclusão do inquérito conduz a investigação ao principal suspeito, um coelhinho presente nos quatro relatos que é preso por ter roubado todos os livros com a intenção de, após eliminar qualquer possibilidade de concorrência, estabelecer hegemonia comercial com a enorme fábrica de doces que colocaria em funcionamento.

Cabe destacarmos dois aspectos específicos dessa versão: o sistema dedutivo lógico e analítico das investigações policiais; e o estabelecimento das funções sociais como profissões que inserem as personagens num ambiente mercadológico no qual convivem empresas, concorrência e falências.

O lobo, repórter de um jornal, sempre acompanhado de um esquilo fotógrafo, aborda a menina com a intenção de fazer a cobertura dos crimes que ocorriam na floresta. Não representa uma ameaça, portanto, como no conto dos Grimm; o lenhador, após haver perdido o seu emprego como vendedor de espetinhos, pois seu *trailer* fora sabotado, tenta empregar-se como ator. Na ocasião em que ensaiava para um comercial representando um lenhador tirolês, um incidente fez com que ele entrasse repentinamente na casa da avó com o machado na mão, não representando a figura masculina tradicionalmente protetora da versão dos Grimm; a avó, além de ser empresária, pratica esportes radicais sem conhecimento da família. Reúne, desse modo, tanto a bandeira da independência feminina como a política de valorização e respeito aos idosos; Chapeuzinho é entregadora da empresa da avó e lutadora de artes marciais, materializando também, com suas atitudes e personalidade forte, o empoderamento feminino.

A animação, embora destaque a importância dos vários pontos de vista apresentados por essas personagens, materializa no processo investigativo a noção de que cada diferente visão é sempre provisória e incompleta e conduz a "uma" visão correta: a conclusão do caso. A culpabilidade tem como efeito deixar de lado as histórias vividas e contadas, e apontar para o culpado em nome da resolução do caso. O resultado é, desse modo, hipervalorizado em detrimento do processo. E a culpabilização de "um indivíduo" é buscada enquanto deixa-se de lado a necessária e urgente crítica a um sistema de produção e consumo que produz e fabrica indivíduos com valores competitivos e antiéticos, que fabrica potenciais culpados e condenados.

Essa busca por um indivíduo a ser culpabilizado se dá pelo processo de vigilância exercido por mecanismos de poder da nossa sociedade, visando disciplinar e controlar os indivíduos, bem como estabelecer sanções e punições por meio das penas imputadas aos condenados. A pena determinada tem por objetivo impor ao apenado a sensação de sofrimento, de dor, de desprazer, para que a futura lembrança dessa sensação impeça a reincidência. Dessa forma, todos os cidadãos disciplinados, que em nome da normalização também vigiam, sentem-se retribuídos, pois o sofrimento da privação da liberdade tem como finalidade "[...] que os castigos possam ser vistos como uma retribuição que o culpado faz a cada um de seus concidadãos pelo crime com que lesou a todos [...] (FOUCAULT, 1987, p. 90).

Em períodos históricos anteriores a pena mais rude previa o suplício por meio do retalhamento do corpo do criminoso, fazendo com que o crime surgisse em sua verdade por intermédio dessa destruição. Na Modernidade, a penalidade ideal tende a uma disciplina infinita, a um interrogatório sem fim, a uma observação analítica constante, a um processo de julgamento nunca encerrado. Se o suplício punha termo à Inquisição, a observação e vigilância constantes num sistema prisional prolonga uma justiça permeada pelos métodos disciplinares e pelas estratégias de exame. Nas palavras de Foucault (1987, p. 186): "[...] a técnica disciplinar invadiu, insidiosamente e como que por baixo, uma justiça penal que é ainda, em seu princípio, inquisitória".

Inevitavelmente, a sociedade que pune e culpabiliza os indivíduos é a mesma que os constitui discursivamente a partir do seu regime de verdade.

> O importante, creio, é que a verdade não existe fora do poder ou sem poder. A verdade é deste mundo; ela é produzida nele, graças a múltiplas coerções e nele produz efeitos regulamentados de poder. Cada sociedade tem seu regime de verdade, sua "política geral" de verdade: isto é, os tipos de discurso que ela acolhe e faz funcionar como verdadeiros; os mecanismos e as instâncias que permitem distinguir os enunciados verdadeiros dos falsos, a maneira como se sanciona uns e outros; as técnicas e os procedimentos que são valorizados para a obtenção da verdade; o estatuto daqueles que têm o encargo de dizer o que funciona como verdadeiro (FOUCAULT, 2004, p. 12; grifo do autor).

Desse modo, por mais que haja pontos de vista, os viáveis serão aqueles aptos a comporem uma verdade final que aponte, em nossa sociedade, o culpado ao qual será imputada a pena, como na conclusão do inquérito da animação aqui analisada.

Para Silva (2011), numa perspectiva foucaultiana, a fixidez do significado dá lugar a uma configuração de significação fluida, indeterminada e incerta. Foucault refere-se ao regime de verdade relacionado ao campo de saber e aos mecanismos de poder que o constituem como possível e viável. Sendo as verdades provisórias e constituídas a partir dos saberes em voga, o abandono da ênfase numa única verdade possível nos conduz ao exame dos processos por meio do qual algo se consolida como verdade. "A questão não é, pois, saber se algo é verdadeiro, mas, sim, de saber por que esse algo se tornou verdadeiro. Nos termos de Foucault, não se trata de uma questão de verdade, mas de uma questão de veridicção" (SILVA, 2011, p. 124).

Tomando o cuidado de evitarmos o maniqueísmo efetivado por meio da defesa de "uma" verdade em detrimento de outras possíveis verdades concomitantemente válidas, optamos por lançar mão da noção de discurso e de regime de verdade. Foucault (2004) nos auxilia a compreender não apenas a fluidez e incerteza dos significados e das verdades, mas também a questionar o fato de nossa sociedade buscar sempre, com suposta isenção e imparcialidade, não apenas um culpado, mas também uma versão definitiva e única, como também o fizera ao eleger as versões de Perrault e dos Grimm como hegemônicas, em que a menina é moralmente julgada, considerada culpada e consequentemente condenada pela violência que sofre.

Do mesmo modo como nas duas versões mais consagradas de *Chapeuzinho Vermelho* a "isenta" sociedade que "fabrica" lobos e chapeuzinhos vermelhos não é questionada, em *Deu a louca na Chapeuzinho* o sistema que constitui mecanismos de competição exacerbada e de investigação punitiva não são questionados. Tanto as versões mais famosas quanto a animação permanecem, pois, dentro da visão superficial regida pelo regime de verdade estabelecido.

Ainda assim, a animação consegue renovar algumas perspectivas consolidadas ao nos trazer elementos relevantes tanto ao apresentar novos posicionamentos e lugares sociais relativos às personagens femininas e masculinas quanto ao favorecer a consideração de diferentes pontos de vista e possibilitar o questionamento à sociedade de consumo desenfreado na qual estamos submersos.

Sugestão de trabalho em sala de aula

Sugerimos a exibição da animação seguida de análise e debate com o intuito de proporcionar importantes reflexões em salas de aula sobre a nossa sociedade e sobre trabalho e consumo. A abordagem aqui proposta poderá ser realizada junto a turmas do Ensino Fundamental (ensino regular e EJA) a partir dos pontos abaixo elencados.

Os temas economia, trabalho e consumo dialogam de maneira direta com essa versão. A competitividade acirrada do coelho, no sentido de almejar dominar o mercado a todo custo, lança uma metáfora social ao apontar para as ações de algumas das grandes corporações que, ao se apropriarem do *know-how* e do mercado de empresas regionais e locais bem-sucedidas, comprando-as, ampliam cada vez mais seu monopólio de mercado. A personagem do coelhinho favorece, em sala de aula, a compreensão desse mecanismo agressivo de globalização imperialista.

Vale destacar também, junto à turma, o caráter maniqueísta do conto, que perpetua a necessidade estabelecida de se encontrar uma única versão e um único culpado por situações complexas que envolvem fatores diversos inerentes à própria sociedade que fabrica potenciais culpados em nome, no caso dessa versão, de um mercado que estimula a competitividade cega, muitas vezes em detrimento da ética e da empatia.

Nesse ponto, pode-se aproveitar o ensejo para se questionar junto à turma o fato de a personagem Chapeuzinho do conto de Perrault e dos Grimm ser considerada culpada pela violência que sofre. E em seguida colocar-se em xeque as próprias versões consagradas como versões únicas, destacando junto à turma a importância de versões que subvertam as mais conhecidas.

O conto, quando analisado criticamente, pode conduzir a questionamentos à ordem socioeconômica e ética estabelecida, bem como às leis de mercado, às condições de trabalho e à indução ao consumo. O desestímulo à partilha e à empatia no ambiente mercadológico em que vivemos também pode ser posto em questão em sala de aula ao ser comparado à vivência comunitária de economias e modos de vida presentes em outras civilizações. Citamos como exemplo os povos indígenas que partilhavam suas tecnologias, produtos e saberes em festivais em que se reuniam nações distintas. Também pode ser lembrado o mutirão, ou "putirum" (RIBEIRO, 2013, p. 131) indígena para a realização coletiva de pesca, construção de casas, caçadas, plantios ou colheitas, bem como os seus movimentos de união nos cuidados e na educação das crianças.

A partir dos debates e das análises feitas em sala de aula, a turma poderá compor releituras individuais ou coletivas do conto *Os três porquinhos* que questionem a presente configuração do neoliberalismo, do imperialismo, da hegemonia das transnacionais, do consumo e do acúmulo exacerbado, e valorize a empatia e a ética, prezando por trabalhos cooperativos, coletivos e comunitários.

Fita Verde no Cabelo: nova velha estória

Dentre as versões de *Chapeuzinho Vermelho* modernas, podemos observar aspectos inerentes à finitude humana na versão *Fita Verde no Cabelo*, de Guimarães Rosa, autor brasileiro reconhecido internacionalmente por sua primorosa obra que inclui poemas, contos, novelas, colaborações em jornais, além do romance *Grande sertão: veredas*.

Cientes do quanto estaremos distanciando o leitor da riqueza linguística e estilística de Guimarães Rosa, resumimos abaixo sua versão com o intuito apenas de apresentar a obra e favorecer a compreensão das sugestões de atividade e de abordagem em sala de aula aqui lançadas.

A mãe manda que a menina vá à casa da avó levar doce em calda. Como já não existem mais lobos por aquelas bandas, a menina segue falando consigo mesma, demorando-se no caminho mais longo por decisão própria e chegando à casa da avó sem a sua fita verde, que perdera no caminho. Ao chegar, depara-se com a avó moribunda e então lhe pergunta por que seus braços estão tão magros, seus lábios tão arroxeados, seus olhos tão fundos e seu rosto tão encovado, ao que a avó responde que nunca mais a poderá abraçar, beijar ou ver. E então a avó morre. A menina, como se pela primeira vez fosse ter juízo, clama pela avó e lhe diz que ainda tem medo do Lobo (ROSA, 1998).

Khalil (2005) verifica a modificação da materialidade textual da versão *Fita Verde no Cabelo: nova velha estória* nos diferentes suportes em que veiculou (jornal, coletânea de contos destinada a adultos e livro para o público juvenil).

Segundo a autora, a versão foi publicada pela primeira vez no jornal *O Estado de S. Paulo* de 8 de fevereiro de 1964, no período politicamente instável das últimas semanas do governo de Jango que antecederam a tomada do poder pelos militares em 31 de março de 1964. Para ela, o conto apresenta claramente, desde o título e do subtítulo até sua estrutura – que em muito se assemelha à versão de Perrault –, ligação com o famoso conto de fadas.

> O leitor que se encontrava no horizonte de recepção dessa edição em jornal de "Fita Verde no Cabelo", porém, não era a criança [...]; o seu leitor era o adulto, [...] envolvido num contexto político conturbado [...]. Fazendo uso de uma história comumente dirigida ao público infantil, Guimarães Rosa recriou-a e também inventou o público – adulto – do jornal com o conto rosiano. Não é comum em jornais a presença de textos regidos pelo tradicional "Era uma vez..."

> Nesse caso, o leitor, possivelmente teve, em primeiro lugar, que se desvencilhar de preconceitos literários ("adulto não lê histórias para crianças"), e, em segundo, operar a relação das imagens do conto com a dos outros textos do mesmo jornal. [...] Nessa rede de textos, o conto rosiano, um enunciado de base essencialmente metafórica, *deformava* as imagens para possibilitar uma nova *leitura* da referida situação (KHALIL, 2005, p. 201-203, grifos da autora).

Para Khalil (2005), enquanto o chapéu simboliza a superioridade e o poder, a fita simboliza a união, o laço, a vitória, a realização, o triunfo. Essa a provável razão da escolha de Rosa pela fita no lugar do chapéu. Em complemento, enquanto a cor vermelha tem relacionados os sentidos de sangue e força – além, devemos acrescentar, da possível preocupação de Rosa com uma provável associação da cor com o comunismo, como Franco relacionou na Espanha –, a cor verde simboliza a esperança e, em nosso país, o sentimento de nacionalismo. A morte da avó no conto corresponde à situação do Brasil e a perda da fita verde no caminho aponta para a perda da esperança e do sonho por um país melhor, ressalta Khalil (2005).

Segundo a autora, a escolha pela versão de Perrault no lugar da versão dos Grimm está relacionada à tragicidade da primeira, guardando, pois, paralelo ao contexto trágico vivido pelo povo brasileiro, diante do qual se anunciava a catástrofe política que veio a se consumar pouco depois: "[...] a ditadura. A liberdade do país seria tolhida, 'devorada'" (KHALIL, 2005, p. 202; grifo da autora). Embora não existam lobos no conto de Rosa, pois todos foram exterminados pelos lenhadores, o grito da menina diante da morte da avó indica a permanência do medo do lobo: "Vovozinha, eu tenho medo do Lobo!..." (ROSA, 1998).

Em 1970, o texto foi publicado no livro *Ave, palavra*, uma coletânea póstuma de contos do autor, destinada a um público adulto, mesmo podendo ter sido lido por crianças e jovens, como nos alerta a autora.

"Em 1992, vinte e oito anos após a publicação [...] no jornal *O Estado de S. Paulo*, e vinte e dois anos após a sua publicação no livro *Ave, palavra*, surge uma edição do conto dirigida ao público juvenil" (KHALIL, 2005, p. 204, grifos da autora).

Lançado pela editora Nova Fronteira (ROSA, 1998) e ilustrado por Roger Mello, o texto recupera, desse modo, o público original de *Chapeuzinho Vermelho*, ao ser "adotado" pelo segmento editorial da literatura destinado a crianças e jovens. Nesse âmbito, destaca Khalil (2005), suas possibilidades de interpretação se ampliam em virtude das características próprias do suporte e do gênero textual assumidos. Doravante, para além da interpretação política, comumente é feita a relação do conto com reflexões acerca da morte, portanto, com o aspecto finito do ser humano.

As ilustrações do livro destinado ao público infantil e juvenil, feitas por Roger Mello, agraciado com o Prêmio Hans Christian Andersen 2014 na categoria ilustrador, também devem ser trabalhadas e analisadas em sala de aula. No que diz respeito ao diálogo da arte de Roger Mello com o texto de Rosa, é possível ao professor destacar diversos elementos.

A capa do livro apresenta ao fundo o céu azul com parte do rosto da menina (sem cores) em primeiro plano, com os cabelos envoltos por um delineamento verde fundido a um gramado que se estende até a quarta capa, onde podemos ver um botão de flor em um broto verde. Também na capa, voam ao redor da menina uma libélula e dois besouros com diferentes tonalidades de verde. A fita verde, aparentemente ausente, parece se fazer presente nesses diversos elementos que simbolizam a vida, o renascimento, o voo livre nos céus.

Na folha de rosto pode-se ver um lobo acuado de medo e tão magro que suas vértebras e seus ossos, sobretudo da parte posterior do corpo, se projetam sob a pele. Ele possui pelagem negra apenas na metade anterior do corpo. A metade posterior apresenta uma aparência que sugere ausência ou escassez de pelos, apontando, desde já, para a finitude como elemento da história.

A partir da primeira página textual da história, se fazem presentes linhas pretas que cortam as páginas em trajetórias diversas delineando o espaço do texto. Essas linhas – ou riscos – estarão ausentes nas últimas páginas ilustradas do livro, que se seguem ao encerramento do texto. As ilustrações da obra são todas predominantemente em preto e branco e em tons de cinza, com um e outro detalhe em verde presente em algumas imagens.

As duas primeiras ilustrações que inauguram o texto apresentam a aldeia onde vive a menina, com seu casario colonial e uma igreja, circundada por montanhas.

Nas páginas que se seguem, duas figuras com corpo humano e tronco peludo vestindo calça branca, e com cabeça de lobo, seguram ferramentas nas mãos, das quais só podemos ver os cabos – supostamente seriam machados, se em diálogo com os lenhadores presentes no texto. A menina, por sua vez, caminha com cesto e pote passando perto de uma jaguatirica. O detalhe em verde dessa ilustração se faz perceber em riscos irregulares sobre a cabeça da personagem principal, à guisa de fita ou dos riscos que a menina nem sabe que corre.

Na outra dupla de páginas podemos ver o bosque com suas árvores de tronco retorcido, plantas e pedras ladeando a mata e, em verde, a sombra da menina "vindo-lhe correndo, em pós". Sabendo que ela não faz uso de nenhum chapéu pontudo, e comparando sua sombra ao formato das cabeças de lobo presentes nas ilustrações anteriores, podemos supor os contornos de um lobo na sombra da menina. O lobo, de modo simbólico, se faz presente na maioria das ilustrações no decorrer de toda a narrativa, apesar de, nessa história, lobos não existirem por aquelas bandas.

Na ilustração seguinte, a menina bate à porta da avó enquanto borboletas brancas, apenas delineadas por seu contorno, a rodeiam. A sombra verde do braço da personagem, se projeta sobre a porta.

Nas duas páginas subsequentes, surge do lado de dentro da casa um copo de alumínio sobre uma pequena mesa. Essa ilustração, como a que a segue, não apresenta nenhum detalhe em cor verde.

A seguir, nas duas páginas centrais do livro, o vulto da menina se vê ao fundo da imagem, pronta para atravessar o portal – a porta está aberta –, enquanto o vulto da avó se faz presente em meio a árvores contorcidas, como se ela estivesse num bosque sombrio. Sua mão esquerda, erguida, apresenta a forma da cabeça de um lobo.

Em seguida, surge uma ilustração com a metade superior da cabeça da menina – a mesma que se configura como parte da ilustração de capa –, ladeada pela sobra verde da mão da avó em formato de cabeça de lobo.

Passando a página podemos ver a mão da menina e parte do seu braço sob a mão e o braço magros da avó. O braço da avó apresenta-se em cinza, enquanto a sombra verde de sua mão, sugerindo o formato da boca de um lobo, aproxima-se do braço da personagem principal.

Nas duas páginas posteriores, três lustres e luminárias antigas em perspectivas diferentes mesclam-se em desordem à cabeceira da cama desalinhada da base da página, enquanto a imagem da avó se apresenta em traços que tendem à figura de um lobo: nariz pontudo e proeminente, testa voltada para trás, olho com capilares claramente perceptíveis.

Nas duas próximas páginas, podem ser vistos sete cabeças de anjo, à semelhança de esculturas barrocas, ao redor da menina que tem seu rosto ocultado sob os cabelos.

Nas páginas posteriores, nas quais se pode ler as últimas palavras do texto, encontra-se, no canto inferior esquerdo da página direita, a personagem principal ajoelhada no chão e levando as mãos ao rosto, como a chorar, enquanto as linhas – ou riscos – descem a página e lhe envolvem o corpo. As ilustrações destas páginas apresentam-se apenas em tons de cinza.

Por fim, após encerrado o texto da história, podemos ver a última ilustração, também sem detalhes em verde e sem os riscos irregulares que acompanharam todo o enredo: os fios – ou as fitas – da meada. Nela, a menina caminha à beira do penhasco de uma das montanhas tantas que ladeiam sua aldeia. O vento sopra forte, vindo da esquerda. À direita da menina, casas e igrejas da aldeia flutuam no céu, não mais plantadas ao fundo do vale como no início. À esquerda da menina, duas plantas silvestres se encurvam ao vento, enquanto à sua direita, ao extremo do despenhadeiro, uma espiga de gramínea deita-se em direção ao vale.

Sugerimos que a leitura analítica das ilustrações se dê em diálogo com a leitura reflexiva do texto para que os mais diversos elementos possam ser levantados pelos alunos e para que se realize um debate sobre a história também contada por meio das belíssimas imagens de Roger Mello.

Sugestão de trabalho em sala de aula

Propomos a realização dessa atividade junto a alunos dos Anos Finais do Ensino Fundamental e mesmo a alunos do Ensino Médio. De acordo com a faixa etária e a maturidade dos alunos, elas poderão ser adequadas para serem aplicadas tanto para crianças e adolescentes de classes regulares como para classes de jovens e adultos (EJA).

Tratando-se, o texto, de uma versão diretamente derivada do conto de Perrault, sugerimos que o professor inicie seus trabalhos realizando a leitura do texto e das imagens de *Fita Verde no Cabelo*, de Guimarães Rosa (1998), seguida da leitura de *Chapeuzinho Vermelho,* de Perrault.

Após a leitura das versões e uma primeira conversa sobre as primeiras impressões dos alunos, eles serão convidados a destacar as principais semelhanças e diferenças entre os textos.

As semelhanças e diferenças destacadas serão registradas na lousa pelo professor, que contextualizará a produção dos dois contos – adequando a linguagem utilizada à faixa etária e à maturidade da turma – com a intenção de favorecer o levantamento de aspectos discursivos materializados nos textos e vinculados aos seus contextos de produção e circulação.

Entre as semelhanças, destacam-se as aldeias, o pote, o bosque, o moinho, os caminhos, as castanhas ou avelãs, as borboletas, os buquês, as flores, a avó, o ferrolho, as perguntas, a morte e o lobo. Dentre as diferenças, encontra-se o fato de no conto de Guimarães Rosa não existir lobo, embora este se faça presente no medo que a menina sente diante da morte da avó – importante observar que a inicial maiúscula de "Lobo" aparece apenas nessa ocasião. Outra diferença se dá na linguagem que desconstrói a linearidade espacial e temporal esperada, como tratamos mais adiante. Além do fato de a menina decidir sobre o caminho que vai seguir – sem a interferência do lobo – e de se deparar apenas com a avó – e não com o lobo – em seu destino. Outra diferença é que no conto de Perrault tanto a avó como a menina morrem, enquanto em Rosa (1998) a menina presencia a passagem da avó e se dá conta da finitude da vida, o que, enfim, a amedronta quando ela parece ser chamada ao juízo pela primeira vez. Nesse ponto, é importante que se destaque que no segundo conto a morte surge não como punição, mas como parte da vida: a finitude em seu aspecto inevitável e certeiro.

Após essa primeira análise comparativa, as ilustrações poderão ser revistas numa segunda leitura do livro, de modo a trazer à tona uma análise esmiuçada dos seus elementos imagéticos, conforme apresentamos anteriormente.

No que diz respeito aos temas a serem trabalhados em sala de aula, podem ser destacados aspectos relacionados à vida e à saúde em diálogo com as ciências naturais – no Ensino Médio com a biologia –, em abordagens sobre desenvolvimento do corpo, seu envelhecimento e os cuidados que se deve ter nesse processo.

O ciclo da vida se faz presente desde o início do conto, quando apresentado em ordem inversa: "velhos e velhas que velhavam [...] homens e mulheres que esperavam [...] meninos e meninas que nasciam e cresciam" (ROSA, 1998). A fita verde, por sua vez, remete-nos ao laço da vida, ao rebento, ao viço. Sua perda remete à finitude, à ruptura do laço que nos liga à vida. A morte, tal como se apresenta nessa versão, não é senão parte da própria vida.

A morte foi um dos temas banidos da escola moderna. No entanto, sabe-se da relevância de que o tema seja abordado em sala de aula de modo claro, equilibrado e saudável. Destacamos a possibilidade de se favorecer ao aluno, por meio dessa versão, o entendimento tanto da morte como parte da vida quanto da importância do cuidado de si e do outro. Assim, a ética como tema de estudo também poderá se fazer presente nas rodas de conversa em abordagens sobre o cuidado de si e o cuidado do outro.

Para Foucault (2006), as práticas de si são práticas de liberdade. A estética de si corresponde ao ato de se buscar fazer da própria vida uma obra de arte, no sentido de viver esteticamente a vida em sua singularidade. Esse conceito se distancia diametralmente do fisiculturismo ou da indústria da "beleza a qualquer custo" que ditam modas, gostos e aparências. A ética de si, como cuidado de si e do outro equivale a um cuidado vinculado ao conhecimento de si e a princípios e regras de conduta éticas com relação a si e ao outro que se estabelecem, ao mesmo tempo, como prescrições e verdades. Algo muito mais próximo da empatia.

Mas para que tal prática de liberdade se efetive, é necessário um trabalho de si sobre si mesmo, não como uma abdicação – negação – de si para cuidar do outro, mas como um cuidado de si que é, ao mesmo tempo, uma forma de cuidar dos outros (FOUCAULT, 2006). Em outras palavras, nas práticas de liberdade é importante que se viva a estética de si e o cuidado de si, para que, cuidando de si e de suas próprias verdades, se possa de modo ético e em respeito ao outro e às suas verdades, vivenciar o cuidado do outro.

No entanto, afirma Silvio Gallo (2003), para isso é importante concebermos o educador como aquele que, para cuidar do outro, dos estudantes, precisa cuidar de si. A liberdade é decorrente desse cuidado de si, pois para Foucault (2006), o sujeito, no exercício de sua singularidade, pode produzir conhecimento em uma rede partilhada na qual as relações de poder não se deem através da imposição de estados de dominação. Para o autor, as pessoas são muito mais livres do que se pensa.

Gallo (2003) alerta ainda para os riscos de tematizarmos esse assunto nas salas de aula de uma sociedade individualista e narcisista como a nossa, mas destaca que, ainda assim, os efeitos de abordagens dessa temática na escola podem ser muito positivos. É promovendo deslocamentos conceituais, promovendo movimentos de pensamento que forneceremos elementos para que os sujeitos compreendam o caráter histórico de sua própria constituição e percebam que fazem parte de um grupo. Desse modo, os alunos poderão compreender que o cuidar de si não se desarticula do cuidar do outro. Cuidar de si para ser melhor corresponde a cuidar do outro para que ele também seja melhor.

No conto de Rosa (1998), a vida urge. A menina vive intensamente cada momento como quem não precisa ter medo ou juízo – no sentido de não prejulgar, de não se culpar ou condenar-se de antemão por optar pela vida, por fazer da vida uma obra de arte. Vive nas brechas que se abrem no tempo, rompendo as limitações da cronologia e da história, "depois [...] das horas, que a gente não vê que não são". Vive para além do que é provável, imputando arte a acontecimentos corriqueiros e normais como o fato de avelãs não voarem, das borboletas não se apresentarem em buquê nem em botão, ou de apenas se pensar que se vê o moinho. Passeia por esse estado que alçamos quando brincamos, quando fabulamos, quando rimos, quando estamos excessivamente contentes, animados, plenos. Por outro lado, a sombra da menina lhe vinha em pós, tal como o juízo e o medo que a seguiam em seu encalço, apesar de aparentemente inexistirem – assim como o lobo. O medo, portanto, nela dormita em seu juízo "por enquanto" insuficiente.

Mas o medo do Lobo surge, embora não exista "lobo nenhum, desconhecido, nem peludo", pois os lenhadores o exterminaram. A ausência do medo da palavra lobo, em minúsculas, dá lugar à presença do assombramento da menina diante da finitude, diante da própria morte como parte da vida. E resume-se no medo do Lobo, com inicial maiúscula. É interessante que o professor convide os alunos a refletirem sobre o fato de que, embora o lobo esteja ausente do conto, o medo subsiste por meio da linguagem, na própria palavra lobo. A presença, às vezes de modo sutil, do lobo nas ilustrações também pode ser destacada em meio a essa reflexão.

Outro tema com que, a nosso ver, a versão dialoga é a intergeracionalidade e a pluralidade cultural dela decorrente. Não nos referimos a aspectos de gênero, etnográficos, geográficos ou regionais da pluralidade cultural, mas ao seu caráter geracional, existente entre pessoas de diferentes faixas etárias no nosso momento presente. Tais diferenças podem ser observadas nas famílias, nos grupos sociais e mesmo na escola, onde a convivência intergeracional se faz notar com clareza.

Os costumes, os modos de pensar, os valores, as vestimentas, os hábitos alimentares, mudam gradativamente com o passar dos anos. Uma comparação entre as vestes juvenis outrora usadas pelos avós e pelos pais e aquelas usadas atualmente pelos alunos, pode ser feita por meio da observação de fotos antigas e recentes. Uma conversa sobre o tema pode favorecer a compreensão de uma das vertentes da diversidade cultural intergeracional. O respeito a tais diferenças poderá ser estimulado ao favorecermos a compreensão do ciclo da vida, e ao lembrarmos que todos um dia estarão "fora de moda", "cafonas" ou "cringe" para as gerações vindouras.

O extermínio do lobo pelos lenhadores – e não pelos caçadores –, por sua vez, remete à devastação das florestas e, consequentemente, do habitat das espécies animais. Tema que pode vir à tona em debates sobre as grandes áreas desmatadas e queimadas e a morte delas decorrentes, em diálogo com o tema meio ambiente e com as disciplinas de geografia, ciências e biologia.

Por fim, sugerimos que o professor solicite aos alunos a produção de textos individuais ou coletivos a partir das análises e conversações desenvolvidas, realizando, complementarmente, as atividades a seguir.

O nível de abordagem e aprofundamento, bem como o gênero e a extensão do texto poderá variar de acordo com a faixa etária e maturidade da turma.

Para turmas do 4º ao 7º Ano, sugerimos pesquisas sobre a natureza, o clima, as vestimentas, os costumes e o ambiente da comunidade na época dos avós. A partir da realização de entrevistas aos avós ou a vizinhos da faixa etária dos avós dos estudantes, os dados serão compartilhados em sala de aula para que deflagrem a produção de um jornal (ou mesmo de um livro) com reportagens (ou capítulos) que tematizem a relevância do convívio intergeracional para maior compreensão da vida e da preservação da natureza e do mundo.

Para turmas do 8º Ano em diante, propomos a produção de artigos de opinião tomando-se por base notícias e reportagens. Os textos iniciais poderão ser apresentados em sala de aula para que em seguida os alunos argumentem em defesa de seu ponto de vista acerca do assunto abordado. Sugerimos, para tanto, que o professor escolha reportagens e notícias com base nos diálogos existentes entre a versão do conto e alguns dos temas deflagradores aqui apresentados. O aluno, então, escolherá um dentre os temas para a composição de seu artigo de opinião, que poderá ser publicado em jornal periódico ou em perfis de rede social criados e administrados pela turma. Enumeramos abaixo, como exemplo, propostas temáticas que dialogam, respectivamente, com temas como: convívio intergeracional, saúde e meio ambiente. O professor poderá adaptar e adequar as ideias abaixo de acordo com a faixa etária e a maturidade da turma:

- *A importância da empatia na convivência entre pessoas de diferentes gerações: eu também serei um idoso.*
- *O ciclo da vida: como cuidar da saúde na adolescência, na fase adulta e na terceira idade.*
- *O ambiente no tempo dos meus avós: como eram o clima, os rios, o bairro e a cidade? o que podemos fazer para cuidar do nosso mundo?*

Chapeuzinho Amarelo

Chapeuzinho Amarelo é uma versão de *Chapeuzinho Vermelho* escrita por Chico Buarque, compositor, poeta, romancista e dramaturgo, considerado por muitos um dos maiores nomes de todos os tempos da música popular brasileira.

O artista lançou, em 1979, o livro infantil *Chapeuzinho Amarelo*, enquadrando-se no movimento de ruptura para com as normas sociais previamente estabelecidas. A versão, publicada inicialmente pela editora Berlendis e Vertecchia, com ilustrações de Donatella Berlendis, foi considerada "altamente recomendável para crianças" pela Fundação Nacional do Livro Infantil e Juvenil (FNLIJ) no ano de sua publicação, tendo sido também editada pelo Círculo do Livro. A partir de 1997, a editora José Olympio assumiu a edição da obra com ilustrações de Ziraldo, agraciadas, em 1998, com o "Prêmio Jabuti de Ilustração".

Reconhecendo o quanto um resumo estaria aquém da riqueza da obra, nos arriscamos a sintetizá-la com o objetivo apenas de contextualizar nossa proposta: a menina tinha medo de tudo, sobretudo de um LOBO que não existia. Um dia, de tanto pensar, esperar e sonhar com ele, ela o encontrou. Mesmo sentindo muito medo, a menina percebeu que, aos poucos, seu medo foi diminuindo até sumir. Ela se viu então sozinha, sem o seu medo, diante do lobo. Ele, ao vê-la sem o medo, gritou várias vezes o seu nome: LO-BO-LO-BO-LO-BO--LO para ver se o medo volta. Chapeuzinho, ao notar que aquele nome repetido soava também como BOLO, num jogo de palavras transformou o LOBO num bolo de lobo fofo que passou a sentir medo de ser comido pela menina. A menina não comeu o bolo de lobo e deixou de lado os seus medos, aprendendo a brincar de transformar em companheiro os outros nomes que lhe causavam medo.

No que diz respeito às ilustrações de Ziraldo para a edição da José Olympio, apresentamos mais adiante alguns de seus elementos que poderão ser analisados e observados com os alunos nas leituras e atividades realizadas em sala de aula.

A versão traz uma releitura que questiona a dependência feminina e apresenta uma personagem que, sem auxílio de nenhuma figura masculina, vence não apenas o lobo – que passa a temê-la –, mas também o próprio o medo que tem do lobo, e que a ele concede existência.

A tão bem-sucedida empreitada do autor se dá pelo fato de que tal ruptura, além de abordar o aspecto ideológico da crítica feminista ao sexismo cultural dominante, alcança a fragmentação da palavra. Zilberman (2005, p. 99) afirma categoricamente: "Chico Buarque de Holanda fez a sua *Chapeuzinho Amarelo* [...] desafiar o estereótipo da menina medrosa, ao dessacralizar o lobo mau". Cunha (2002), ao referir-se ao trecho em que o lobo, transformado em bolo, sente medo de ser comido com vela e tudo pela menina, destaca: "Temos, aí, a inversão dos papéis". A autora, portanto, corrobora a afirmação de Colomer (1996) acerca da predominância, a partir da década de 1970, da inversão de papéis nas versões de *Chapeuzinho Vermelho*, nesse caso, especificamente, entre a menina e o lobo.

Lajolo e Zilberman (1984) acrescentam que a espinha dorsal dessa obra é

> [...] o poder emancipador da palavra [...]. Na reescrita, o lobo passa a simbolizar uma espécie de arquétipo dos medos infantis [...]. A superação do medo decorre de um trabalho com a palavra, a partir de sua decomposição em sílabas e da inversão destas. [...] é um texto que tematiza a relação da palavra com as coisas e sugere o poder da linguagem na transformação da realidade (LAJOLO; ZILBERMAN, 1984, p. 156).

Coelho (2006), por sua vez, afirma a esse respeito:

> Note-se, pois, a arte com que Chico Buarque satiriza o *medo do lobo*... não só no nível da mensagem, mas também no nível da palavra: a própria linguagem que dá corpo à interdição e ao medo é transformada (com a plena consciência do autor de que toda realidade humana só se concretiza, verdadeiramente, no

momento em que encontra uma linguagem que a expresse e a transforme em realidade concreta para todos) (COELHO, 2006, p. 166; grifo da autora).

Portanto, da mesma forma como o medo de um lobo que não existe se faz presente no fim de outra versão para a personagem de *Fita Verde no Cabelo*, de Guimarães Rosa, a Chapeuzinho Amarelo de Buarque "[...] tinha cada vez mais medo do medo do medo do medo de um dia encontrar um LOBO. Um LOBO que não existia" (BUARQUE, 2003). Poderíamos, nesse ponto, nos perguntar: por que razão sobrevive o medo de um lobo que não existe? Talvez ao nos indicar os perigos da própria palavra, os perigos da finitude e da própria vida, essas duas versões possam nos trazer evidências para trabalharmos os medos dos nossos alunos em sala de aula.

Também como na história anterior, o "medo" é quem fala através da palavra "lobo". Se em *Chapeuzinho Amarelo*, por um lado, dentre os medos da menina, é perceptível um temor do discurso: "Não falava nada pra não engasgar"; por outro, ocorre a descoberta de que o "medo" não é inerente ao "lobo", e de que ele pode deixar de ser representado até mesmo pela palavra "lobo", que o nomeia, ao ser subvertida em "bolo" por meio da reinvenção de uma linguagem em fragmentos.

A fragmentação da linguagem e, ao mesmo tempo, o anúncio da presença rarefeita de um homem fragmentado em uma linguagem também em fragmentos são características modernas, aponta Foucault (1968).

A linguagem em fragmentos, a mesma que constitui os nossos medos e os oculta nas palavras e no discurso que tanto tememos, rompe-se diante do riso da menina. Se o LOBO, todo em maiúsculas, não existe, é o medo da menina, presente discursivamente nessa linguagem fragmentada, o que o traz à tona. Ao mesmo tempo é o seu riso diante do caráter fragmentário da palavra, mais do que diante do lobo, o que faz com que ele seja transformado em BOLO.

Portanto, o LOBO, assim como os medos e o próprio homem, subsiste rarefeito na linguagem em fragmentos (FOUCAULT, 1968). Após encontrar-se com o LOBO, a ausência do medo na menina faz com que o lobo, do qual não sente mais medo, passe a ser indicado pela palavra "lobo", em minúsculas. Embora a personagem lobo tenha gritado seu nome para que a menina retomasse o medo, ela, ao se dar conta do poder da palavra, brinca com a fragmentação da linguagem. O LO-BO torna-se um BO-LO, passando a ter medo da menina, invertendo-se a situação. A subversão linguística se estende para outros significantes: "raio" torna-se "orrái", "barata" vira "tabará", "bruxa" vira "xabru", "diabo" passa a ser "bodiá", "dragão" se torna "Gãodrá", "coruja vira "Jacoru", "tubarão" torna-se "Barão-Tu", "bicho-papão" passa a ser "Pão Bichôpa", enfim, os "monstros" viram "trosmons".

Como nos diz Mário Quintana,

> Há palavras verdadeiramente mágicas.
> O que há de mais assustador nos mons-

tros é a palavra "monstro". Se eles se chamassem leques ou ventarolas, ou outro nome assim, todo arejado de vogais, quase tudo se perderia do fascinante horror de Frankenstein... (QUINTANA, 2005, p. 269).

Nas abordagens escolares, *Chapeuzinho Amarelo* infelizmente parece ter se prestado à educação mais para se trabalhar os medos imediatos das crianças (por exemplo: da bruxa, do lobo, do escuro, da ausência dos pais no cotidiano escolar) do que para trabalhar a violência contra a mulher e os preconceitos de gênero ou para questionar as tantas verdades, saberes e poderes constituídos na e pela própria palavra.

Sugestão de trabalho em sala de aula

Chapeuzinho Amarelo, de Chico Buarque, apresenta elementos comuns às duas versões mais famosas de *Chapeuzinho Vermelho* (de Perrault e dos Grimm). No entanto, em sua intertextualidade se fazem presentes elementos que dialogam exclusivamente com a versão dos Grimm.

Em um primeiro momento, sugerimos, junto a alunos do Ensino Fundamental, a leitura do conto *Chapeuzinho Amarelo* de Chico Buarque seguido da leitura da versão de *Chapeuzinho Vermelho* dos Irmãos Grimm. Em seguida, os contos serão comparados no sentido de que se tragam à tona as semelhanças e as diferenças entre ambos.

Entre as semelhanças, destacam-se a existência de uma personagem chamada Chapeuzinho que tem medo do lobo, e também a alusão ao caçador, presente na versão dos Grimm, e à Alemanha, terra em que nasceram os famosos irmãos. No entanto, esses dois últimos elementos surgem em meio a descrições que satirizam os lugares tradicionalmente ocupados pelas personagens masculinas do conto dos Grimm.

O lobo descrito na versão de Chico Buarque, do qual a menina sentia medo, morava na Alemanha, dentro de um buraco cheio de teia de aranha, o que sugere uma distância temporal e espacial, apesar do medo da menina mostrar-se bastante atual e presente.

A figura do caçador, tal como a da avó – no caso, de duas avós –, é citada quando da aparição do lobo, descrito sobretudo pelo tamanho de seu bocão – a mesma boca que devora a avó e a menina na versão dos Grimm – que é capaz de comer duas avós e um caçador, e também um rei, uma princesa, e mais sete panelas de arroz e um chapéu como sobremesa.

As diferenças, por sua vez, se fazem presentes em todo o conto. Destacamos no conto de Chico Buarque, com relação ao conto dos Grimm: a cor do chapéu, pois amarelo denota medo; a inexistência material do lobo; a ausência da mãe; o fato de a menina vencer sozinha e sem ajuda masculina tanto o lobo como o próprio medo que tinha do lobo; e o fato de a situação se inverter e o lobo passar a sentir medo da menina.

Em seguida, sugerimos que seja feita uma nova leitura do conto acompanhada de uma leitura atenta das ilustrações. Aqui destacamos o tom amarelo da cor da pele e dos cabelos da menina na primeira ilustração da parte textual do livro; os medos da menina, na segunda ilustração acompanhada de texto, que deitada e sem dormir é assombrada por raio, bode, minhoca, cobra e aranhas; e a expressão de medo da menina nas três ilustrações que se seguem, a primeira delas traz Chapeuzinho em detalhe, a segunda mostra os olhos do lobo escondido no buraco com teias de aranha, de uma montanha distante – a distância pode ser inferida pela rota do avião no céu –, e a terceira apresenta o lobo surgindo da sombra da menina, ele não existe senão nos seus medos.

Ao encontrar o lobo na ilustração seguinte, a menina observa atentamente sua expressão amedrontadora. Na ilustração das páginas centrais do livro são destacadas as silhuetas dos dois se entreolhando: a menina, agora sem o medo, fica só com o lobo.

A situação passa a se inverter na segunda metade do livro, quando na primeira dupla de páginas o lobo surge pelado expressando constrangimento e nas duas páginas seguintes se mostra chateado por não causar medo na menina.

Na ilustração que se segue, sua tentativa de se fazer assustador para fazer voltar o medo arranca apenas risos da menina, que apresenta expressão de desdém e deboche. Destaca-se na ilustração da dupla de páginas seguinte a transformação do LOBO em BOLO por meio do jogo de sombras e luzes que acompanha a troca de sílabas. O lobo aparece nas ilustrações pela última vez na forma de um bolo com duas velas no topo, no centro de uma mesa de aniversário, rodeado por copinhos de festa e línguas-de-sogra e com uma expressão de medo.

Por fim – nas três ilustrações finais das três últimas duplas de páginas –, a menina, já sem os seus tantos medos, brinca de amarelinha com outras crianças e se diverte ao transformar seus medos em companheiros. As ilustrações das páginas finais dialogam com as inversões propostas no texto.

A partir da análise dos elementos textuais e não textuais da versão de Chico Buarque, o professor poderá levantar questões de extrema relevância por meio de abordagens transdisciplinares e interdisciplinares.

Em primeiro lugar, a ausência do caçador ou do lenhador e a autonomia da menina podem e devem ser destacados. O medo que o lobo quer que a menina tenha é outro ponto importante a ser trazido à tona, tal como o medo que o lobo sente por não ter conseguido dominá-la pelo medo. O medo de não ser temido oculta-se sob o desejo de superioridade ou de poder e fundamenta alguns processos de dominação em nossa sociedade, inclusive os preconceitos de gênero e o machismo.

Embora o medo seja o caráter mais evidente no conto, a fragmentação da linguagem e o poder do discurso se apresentam como elementos favoráveis a abordagens potentes em sala de aula. O fato de a palavra consolidar verdades e ao mesmo tempo questionar essas mesmas verdades pode ser destacado junto a turmas dos Anos Iniciais do Ensino Fundamental por meio de atividades que favoreçam a desconstrução de palavras que, de algum modo, materializam os medos dos alunos. As crianças podem ser convidadas a reescrever com sílabas invertidas os nomes das coisas que lhes dão medo, e depois se divertirem com a sua leitura. A inversão das sílabas ou de segmentos dessas palavras pode auxiliar na compreensão do regime de verdade a que estamos submetidos.

Para os Anos Finais do Ensino Fundamental e junto a alunos da EJA do Ensino Fundamental, preconceitos étnicos, raciais, socioeconômicos, regionais e de gênero podem ser destacados por meio de uma listagem de palavras que conduzem carga ideológica e que, em determinados contextos e usos, tem caráter pejorativo ou depreciativo. É importante, nesse momento, lembrar que a mesma palavra pode ser ressignificada ou utilizada sem a consolidada carga preconceituosa; em outras palavras, pode ser ressignificada a partir de outras possíveis valências.

Bakhtin/Volochínov (1992, p. 46) afirmam que

> O signo se torna a arena onde se desenvolve a luta de classes. [...] O signo, se subtraído às tensões da luta social, se posto à margem da luta de classes, irá infalivelmente debilitar-se, degenerará em alegoria [...] não será mais um instrumento racional e vivo para a sociedade.

O questionamento de valências impostas ideologicamente a certas palavras pode auxiliar em debates interdisciplinares que abranjam as disciplinas filosofia e sociologia, bem como geografia e história. A compreensão da palavra vinculada a ideologias, crenças e verdades é fundamental para que o aluno entenda por que determinadas palavras ou termos são considerados carregados de preconceitos e qual a importância de lutar por atribuir novos significados coletivos a palavras ou termos que se tornaram depreciativos.

Muitas lutas de grupos sociais passam pelo movimento de ressignificação de termos que designam os participantes desses grupos. Entender que palavras conduzem preconceitos é necessário para a formação do cidadão. Daí a relevância de se promover um diálogo com os temas ética e pluralidade cultural a partir de *Chapeuzinho Amarelo*.

A Indiazinha Chapeuzinho Verde

A versão escrita por Maria Lucia Takua Peres, publicada pela primeira vez em 2016 no site *Guatá: cultura em movimento*, ganhou posteriormente, em 2020, formato de e-book (PERES, 2020) com capa ilustrada por Maurício Negro e edição de Julie Dorrico (Macuxi).

Formada em Letras – Português e Espanhol, sua autora Guarani vive na aldeia Tekoha Aty Mirî, localizada em Itaipulândia-PR, na região da tríplice fronteira entre Brasil, Paraguai e Argentina.

A versão enquadra-se num momento histórico em que os grupos vinculados à terra tomam cada vez mais a palavra como sujeitos protagonistas que escrevem e se fazem conhecer pelas suas próprias histórias. Narrativas essas ainda invisibilizadas, como sabemos, pelo mercado editorial e pelas grandes corporações tecnológicas, indissociáveis do regime de verdade e do arquivo moderno contemporâneo definidores dos enunciados que virão à tona, que serão propagados e que se perpetuarão por meio de publicações.

A arena em que se dá a luta pela visibilização das narrativas dos grupos minoritários pela internet torna-

-se, nesse sentido, lugar propício para o surgimento de táticas que subvertam o poder estabelecido por meio das estratégias pré-determinadas e consolidadas (CERTEAU, 1998). E é por intermédio dessas redes de educadores, camponeses, indígenas e leitores que o livro de Peres (2020) circula e alcança as salas de aula.

Com o intuito de lograr maior amplitude de alcance de sua obra, a autora lançou mão da categoria de licença *copyleft*, que protege os direitos autorais ao mesmo tempo em que impede barreiras de utilização e difusão da obra, desde que o autor e a fonte sejam citados.

O livro apresenta, além da ilustração de capa, cinco fotos, sendo a primeira delas da própria autora, e as outras quatro do livro ampliado *A Indiazinha Chapeuzinho Verde* confeccionado e utilizado por Elisana Andressa Kaiser da Silva (2020), no âmbito de sua pesquisa de mestrado sobre mediações de leitura com música realizadas em Escola do Campo e Escola Indígena, junto ao Programa de Pós-Graduação em Literatura Comparada da Universidade Federal da Integração Latino-Americana (UNILA).

Ousando mais um resumo que estará aquém da riqueza e singularidade da obra, adentremos à história.

A Indiazinha Chapeuzinho Verde vivia com sua mãe, seu pai e seu irmão num sítio perto da cidade. Ela tinha mais duas irmãs e uma avó, essas residentes no Tekoha[16],

---

16 Território ou espaço de vida tradicional. Lugar onde se vive segundo o costume de vida Guarani, que conta com liderança religiosa e política próprias e com forte coesão social. Sua área, delimitada em geral por montanhas ou rios, é uma propriedade comum e exclusiva ao povo Guarani.

lugar onde Chapeuzinho mais desejava morar por gostar muito dos animais, da floresta e da sua avó que, além de estudar e jogar futebol, era uma pessoa alegre e brincalhona que gostava de contar histórias. Um dia, a indiazinha disse à mãe que queria ir à aldeia ouvir histórias de sua avó e que poderia lhe levar um pouco da carne que estava na geladeira. A mãe concordou e sugeriu que ela colocasse a carne numa bacia azul e a cobrisse com um pano verde. A menina assim o fez, vestindo-se com a roupa mais linda de seu guarda-roupa. Colocou os óculos, pôs o celular no bolso e foi para o ponto de ônibus que, minutos depois, a levou para o Tekoha. Ao desembarcar, deparou-se com o Lobo perto do restinho de floresta que restava. Ao ser questionado sobre o que estava fazendo por ali, o Lobo explicou que tinha fome e que estava aliviado por ter encontrado a menina para matar a sua fome. Ela retrucou, dizendo que ele estava muito enganado. O animal contou então a sua história, dizendo que os caçadores haviam matado todos os seus alimentos e destruído seu *habitat* e que por isso ele estava na rua em busca de comida. Ela entendeu, identificou-se como indígena e contou que estava na mesma situação. Falou ainda que levava um pouco de carne para a sua avó e que gostava muito de animais da floresta, por isso sabia que ele não era mau, mas que apenas tinha fome. Por fim, propôs lhe dar um pouco de carne caso ele acei-

---

É, pois, uma instituição divina (MELIÀ; GRÜNBERG; GRÜNBERG, 1976). Trata-se de uma "[...] unidade política, religiosa e territorial, onde este último aspecto deve ser visto em virtude das características efetivas – materiais e imateriais – de acessibilidade ao espaço geográfico, e não mera projeção de concepções filosóficas pré-constituídas" (MURA, 2004, p. 130).

tasse a sua amizade. O Lobo ficou admirado e encantado por ela haver entendido a sua necessidade, e aceitou não apenas a carne, mas também a sua amizade. Chapeuzinho Verde deu-lhe um pedaço de carne. Depois de alimentado, seguiram juntos a caminho do Tekoha, chegando à casa da avó, que perguntou à neta como se chamava a pessoa que a acompanhava. A menina informou tratar-se de um amiguinho chamado Lobo. A avó os felicitou e foi preparar o almoço. Enquanto isso, a Chapeuzinho Verde e o Lobo saíram para passear. Visitaram as irmãs da menina, caminharam pela trilha e passearam na roça em meio aos cultivares de milho, mandioca, batata-doce, feijão e cana de açúcar. Passaram ainda na casa de reza para conversar com o chamoi[17], viram instrumentos religiosos, apreciaram os artesanatos e na volta comeram a comida feita pela avó: carne com arroz, refrigerante e mandioca. Os dois ficaram amigos inseparáveis, pois lutavam pelo mesmo objetivo, ajudando-se mutuamente. Por fim bradaram: "Somos amigos! *A terra não é nossa, nós somos da terra*" (PERES, 2020).

A partir da última frase do conto, convém lembrarmos que os povos por nós nomeados como indígenas viviam em comunhão com a terra neste continente a que chamamos América, antes do advento a que intitulamos "descoberta".

Segundo Boaventura de Sousa Santos (2008, p. 181), "[...] o ato da descoberta é necessariamente recíproco: quem descobre é também descoberto". A relação de

---

[17] Liderança religiosa que possui autoridade e sabedoria espiritual.

descoberta que define o outro como descoberto para o descobridor só é indissociável em virtude da desigualdade de saber e poder que faz com que a descoberta, de caráter necessariamente recíproco torne-se apropriação do descoberto pelo descobridor que o declara descoberto. O Ocidente, afirma o autor, foi o mais importante descobridor imperial do segundo milênio.

Nesse processo de descoberta imperial, o aspecto conceitual antecede o empírico, ou seja, a ideia que o Ocidente tem daquilo que descobre comanda o ato de descobrir e os atos dele subsequentes, essa ideia tem por fundamento a afirmação da inferioridade do outro, reduzindo-o a um alvo de violência tanto física quanto epistêmica. Nela "[...] o descoberto não tem saberes, ou se os tem, estes apenas têm valor enquanto recurso" (SANTOS, 2008, p. 182).

Esse "outro" descoberto, com relação ao descobridor, assumiu para o ocidental "[...] três formas principais: o Oriente, o selvagem e a natureza" (SANTOS, 2008, p. 181). Interessa-nos nessa nossa análise destacar duas dessas formas, nas quais enquadram-se as figuras do lobo e dos povos indígenas para o Ocidente, sejam elas o lugar do selvagem e da natureza.

O selvagem para Santos (2008, p. 185-186), "[...] é o lugar da inferioridade [...] a diferença incapaz de se constituir em alteridade. Não é o outro porque não é sequer plenamente humano". Constitui antes uma ameaça do irracional do que uma ameaça civilizacional. A justificativa de sua inferiorização conceitual efetivou-

-se através do caráter pagão e pecaminoso atribuído aos descobertos, de sua identificação como seres irracionais ou seres da natureza, e, posteriormente, de estudos antropológicos que em geral consideravam suas culturas inferiores à racionalidade científica.

A natureza, por sua vez, é o lugar da exterioridade, que se de um lado ameaça o homem, de outro lhe serve de recurso. Mas a natureza, como ameaça irracional, tal como o selvagem, pode ser dominada e utilizada por meio de um conhecimento que a transforme em recurso. "O selvagem e a natureza são, de fato, as duas faces do mesmo desígnio: domesticar a "natureza selvagem", convertendo-a num recurso natural" (SANTOS, 2008, p. 188).

Para Santos (2008), é o trabalho de tradução entre saberes o que permitirá dar sentido ao mundo e possibilitar que alcancemos a justiça social por meio da justiça cognitiva criada com base na imaginação epistemológica, de modo que a teoria geral de uma ciência hegemônica dê lugar a uma ecologia de saberes.

Uma alternativa apresentada por Santos (2005) está na reinvenção de espaços-tempo de deliberação democrática. Para o autor, "[...] a construção de um contrato social de tipo novo [...] deve abranger não apenas o ser humano e os grupos sociais, mas também a natureza [...]" (SANTOS, 2005, p. 339).

Daí a relevância da versão por nós apresentada, por meio da qual o sujeito indígena, subalternizado pelo discurso hegemônico toma a palavra e se constitui como subjetividade protagonista, praticando a emancipação social por intermédio da valorização das experiências e dos saberes outros que não o dominante. Como afirma Kaiser (2020) no Posfácio da versão de Peres (2020), resistir é uma luta constante para a cultura indígena. "Neste cenário, a literatura nos permite transgredir, e se a América Latina também foi colonizada pela escrita, é possível acreditar no caminho inverso, isto é, na descolonização por meio da escrita, uma vez que, a escrita é um ato político" (KAISER, 2020, p. 8).

O ato de produzir literatura é resistência, é reexistência, é reinvenção do uso da escrita e da língua, é subversão inclusive de um conto tradicional que nas suas versões mais consolidadas violentou a cultura e a tradição dos povos mais vinculados à terra, como vimos anteriormente. "A leitura introduz [...] uma 'arte' que não é passividade", afirma Michel de Certeau (1998, p. 50; grifo do autor) em seu livro *A invenção do cotidiano*, publicado pela Editora Vozes.

É assim que, de uma história tão conhecida, "[...] um detalhe "de circunstância" pode modificar radicalmente o alcance. "Recitá-la" é jogar com esse elemento *a mais*, escondido no estereótipo feliz do lugar comum" (CERTEAU, 1998, p. 166, grifos do autor). Assim, quem tiver ouvidos de ouvir, que ouça, pois o ouvido aguçado, prossegue o autor, sabe distinguir o que, no próprio ato de dizer o dito, é marcado como diferente. O ouvido apurado está incansavelmente atento a essas astuciosas habilidades do narrador. Portanto, abramos, agucemos e apuremos nossos ouvidos.

Sugestão de trabalho em sala de aula

Sugerimos, junto a turmas do Ensino Fundamental, adequando-se a abordagem a cada faixa etária e grupo com que se pretende trabalhar, a leitura da versão de Maria Lucia Takua Peres seguida da comparação com a versão final dos Grimm.

Enquanto na versão de Perrault o lobo devora a menina e sua avó, na versão final dos Grimm ele é derrotado como um inimigo externo que não se permite domesticar, pois nele selvagem e natureza não se dissociam. O lugar destinado ao lobo foi e ainda é o mesmo imposto às culturas consideradas selvagens e externas com relação ao discurso hegemônico da ciência moderna.

A versão *A Indiazinha Chapeuzinho Vermelho* apresenta diferenças fundamentais em relação à dos Grimm. Em primeiro lugar, destacamos os fatos do lobo não ser considerado outro com relação ao humano, e da natureza não ser considerada posse do humano, como ressaltado na última frase do conto "A terra não é nossa, nós somos da terra". Os animais, as plantas e os frutos da terra são, nessa versão, nossos amigos, parentes e ancestrais. Ademais, o uso do termo "Tekoha", e apenas eventualmente do termo "aldeia", aponta para uma relação sagrada de comunhão com a terra. A cor verde do chapeuzinho reforça a integração da menina com a natureza por meio de seus saberes e de sua cultura, sobretudo pelo fato de não haver chapéu ou capuz nenhum citado no enredo – a não ser um pano verde que cobre a bacia com carne, que não necessariamente teria sido levado sobre sua cabeça. O chapeuzinho verde parece se situar muito mais interiormente na cabeça da menina, em sua mente, em seu modo de pensar, do que lhe cobrir. Ao mesmo tempo, o sagrado se faz presente na natureza, nas plantações, no lobo, na casa de reza, no chamoi – sacerdote –, nos instrumentos religiosos, enfim, em todo o Tekoha.

Já vimos em nota que o Tekoha é "[...] unidade política, religiosa e territorial" (MURA, 2004, p. 130), bem como instituição divina e espaço onde se pratica a vida tradicional Guarani (MELIÀ; GRÜNBERG; GRÜNBERG, 1976). Mesmo considerando a diversidade dos povos indígenas, a que aludiremos novamente mais adiante, cabe acrescentar, ao conceito de Tekoha dos Guarani, a relação da palavra Krenak com a comunhão e a conexão do povo com a terra. É Ailton Krenak (2019), no livro *Ideias para adiar o fim do mundo*, que nos diz que o nome de seu povo "Krenak", formado por *kre* (cabeça) e *nak* (terra), os identifica como cabeça da terra, indissociáveis, portanto, da terra como um organismo sagrado.

Ainda acerca dessa integração, o autor argumenta:

> Fomos, durante muito tempo, embalados com a história de que somos a humanidade. Enquanto isso – enquanto seu lobo não vem –, fomos nos alienando desse organismo de que somos parte, a Terra e a humanidade. Eu não percebo onde tem alguma coisa que

> não seja natureza. Tudo é natureza. O cosmos é natureza. Tudo em que eu consigo pensar é natureza (KRENAK, 2019, p. 16-17).

O autor narra brevemente a história de uma indígena que conversava com a sua irmã pedra e relatos de indígenas Krenak que falam com as montanhas. Essas narrativas foram deixadas de lado e invisibilizadas em nome de uma narrativa hegemônica e superficial que descola a humanidade da terra, vista pelos povos indígenas como um organismo do qual somos parte.

Ainda no que diz respeito às diferenças que a versão de Peres (2020) apresenta com relação à dos Grimm, destacamos a evidente ausência de uma figura masculina que precise "salvar" a Indiazinha Chapeuzinho Verde do lobo. Ademais, o lobo não se configura como metáfora da figura masculina violentadora ou abusadora, mas da natureza como ente feminino em comunhão com as personagens humanas que não são senão parte da terra mãe.

> Todas as histórias antigas chamam a Terra de Mãe, Pacha Mama, Gaia. Uma deusa perfeita e infindável, fluxo de graça, beleza e fartura. [...] Não tem nada a ver com a imagem masculina ou do pai. Todas as vezes que a imagem do pai rompe nessa paisagem é sempre para depredar, detonar e dominar (KRENAK, 2019, p. 61).

Em sua versão, a autora indígena desconstrói ainda o estereótipo do indígena com tanga, cocar e alheio às tecnologias ocidentais, ou que mal sabe falar, como depreciativamente tem sido representado nas narrativas hegemônicas. Contrariando esse último estereótipo, a autora, além de ser professora de Língua Portuguesa e Espanhol, é falante da língua Guarani.

Subvertendo os demais preconceitos que tentam congelar a imagem do indígena de um lado como monolítica e única em detrimento das tantas culturas, povos e nações indígenas, de outro numa identidade frágil que seria ameaçada por todo e qualquer uso das roupas, das línguas, dos hábitos e dos aparatos tecnológicos dos povos dominantes, Peres (2020) apresenta a protagonista de sua versão buscando a roupa mais bonita no seu guarda-roupa, usando óculos e celular, deslocando-se de ônibus para o Tekoha, guardando a carne na geladeira e comendo o almoço acompanhado por refrigerante. A avó, por sua vez, além de estudar, joga futebol, rompendo não apenas com estereótipos étnicos, mas também sexistas.

A esse respeito, Krenak (2019, p. 31) sustenta: "A gente resistiu expandindo a nossa subjetividade, não aceitando essa ideia de que nós somos todos iguais", e assegura,

> Definitivamente não somos iguais, e é maravilhoso saber que cada um de nós que está aqui é diferente do outro, como constelações. O fato de podermos compartilhar esse espaço, de estarmos juntos viajando não significa que somos iguais; significa exatamente que somos capazes de atrair uns aos outros pelas nossas diferenças, que deveriam guiar o nosso roteiro de vida. Ter diversidade, não isso de uma humanidade com o

mesmo protocolo. Porque isso até agora foi só uma maneira de homogeneizar e tirar nossa alegria de estar vivos (KRENAK, 2019, p. 33).

Atento ao risco de que a defesa pelo direito de ser diferente produza desigualdades, Santos, por sua vez, defende:

> Temos o direito de ser iguais quando a nossa diferença nos inferioriza; e temos o direito de ser diferentes quando a nossa igualdade nos descaracteriza. Daí a necessidade de uma igualdade que reconheça as diferenças e de uma diferença que não produza, alimente ou reproduza as desigualdades (SANTOS, 2008, p. 462).

Outro ponto da versão a ser destacado é o fato de que a avó da Indiazinha Chapeuzinho Verde adora contar histórias. A motivação que leva a menina a visitá-la no Tekoha é precisamente gostar de ouvir histórias. Essa provocação de Krenak (2019, p. 27) sobre adiar o fim do mundo, a de podermos sempre contar mais uma história, pois o período em que vivemos "[...] é especialista em criar ausências: do sentido de viver em sociedade, do próprio sentido da experiência da vida". Nele prega-se "[...] o fim do mundo como uma possibilidade de fazer a gente desistir dos nossos próprios sonhos" (KRENAK, 2019, p. 27).

Com a intenção de adiar o fim do mundo apregoado, o autor indica com clareza

> Um outro lugar que a gente pode habitar além dessa terra dura: o lugar do sonho. Não o sonho comumente referenciado de quando se está cochilando ou que a gente banaliza "estou sonhando com o meu próximo emprego, com o próximo carro", mas que é uma experiência transcendente na qual o casulo do humano implode, se abrindo para outras visões da vida não limitada. Talvez seja outra palavra para o que costumamos chamar de natureza. Não é nomeada porque só conseguimos nomear o que experimentamos. O sonho como experiência de pessoas iniciadas numa tradição para sonhar. Assim como quem vai para uma escola aprender uma prática, um conteúdo, uma meditação, uma dança, pode ser iniciado nessa instituição para seguir, avançar num lugar do sonho. Alguns xamãs ou mágicos habitam esses lugares ou têm passagem por eles. São lugares com conexão com o mundo que partilhamos; não é um mundo paralelo, mas que tem uma potência diferente (KRENAK, 2019, p. 65-67).

Para o autor, os povos que estão vivos contam histórias, cantam, conversam, viajam e ensinam muito mais do que essa humanidade propagada pelas narrativas hegemônicas. A avó da menina conta histórias e desse modo adia o fim do mundo. Chapeuzinho, por sua vez, ao passear pela aldeia ao lado de seu amigo lobo, faz questão de buscar o chamoi – xamã – de seu povo, o mesmo que habita ou tem passagem pelo lugar de sonho, esse lugar de comunhão e de conexão com a natureza de onde as histórias que adiam o fim do mundo nascem. O encanto, o desejo e o prazer de adiar o fim do mundo talvez sejam, assim creio, as razões maiores de a menina querer estar sempre no Tekoha.

Após a análise da versão, guiada pelos elementos anteriormente destacados, sugerimos a realização de uma roda de histórias com lendas e contos que adiem o fim do mundo. Contemplando, sobretudo, narrativas indígenas e africanas, alternativas ao discurso hegemônico, em atenção à Lei nº 11.645, de 10 de março de 2008, que estabelece a obrigatoriedade de inclusão da temática "História e Cultura Afro-Brasileira e Indígena" (BRASIL, 2008) no currículo oficial da rede de ensino.

As histórias poderão ser buscadas pelos alunos sob a orientação do professor. A partir da escolha da história, será elaborado um resumo pelo grupo ou pelos alunos que a contarão, para, em seguida, ser feito um roteiro em tópicos apenas com as principais palavras, favorecendo a memorização da narrativa, como orientamos mais detalhadamente no livro *Contar histórias: a arte de brincar com as palavras*, publicado pela Editora Vozes (MORAES, 2012).

As histórias contadas como *adaptações livres* feitas pelos alunos se constituirão como paráfrases orais das narrativas lidas por meio do exercício da memorização e da criatividade (MORAES, 2012), e poderão ser narradas para outras turmas da escola, ou mesmo junto à comunidade.

A quem narra, é importante estar atento à relação ética e empática com o outro que escuta, com o ambiente em que se conta, com o próprio corpo, com os próprios sentimentos e com as próprias sensações, para que se esteja inteiro consigo mesmo, com o outro e com o ambiente numa espécie de comunhão, como detalhamos no livro *Contar histórias com maestria: técnicas e vivências*, publicado pela Editora Vozes (MORAES, 2022).

Se por meio da percepção dos sentidos e das sensações são construídos os ambientes da história, as personagens se fazem a partir da compreensão da transitoriedade dos sentimentos e dos estados do ser (MORAES, 2022).

Depois de exercitadas a memorização e a criatividade aliadas a exercícios que favoreçam a construção de ambientes e personagens, procede-se à preparação de voz e de corpo com a compreensão da importância do silêncio, do olhar e dos gestos, bem como da projeção, da clareza, da expressividade e da entoação vocais (MORAES, 2022).

Numa ocasião, coordenei um projeto junto ao Ensino Fundamental por meio do qual constituímos um grupo de alunos contadores de histórias. Dele participavam apenas aqueles que desejavam narrar. Mas havia também aqueles que, mesmo sem quererem narrar, gostavam de ler e, a partir de pesquisas sugeriam histórias a serem contadas pelos narradores. Também eram contemplados os que gostavam de escutar.

Os participantes do grupo de contadores de histórias, além de narrarem semanalmente nas aulas de musicalização e de literatura infantil de cada turma, começaram a circular a escola, passando também por classes da Educação Infantil para contarem as suas histórias, que eram aguardadas com expectativa por todos da escola, assim como a Indiazinha Chapeuzinho Verde tanto ansiava por estar no Tekoha. Sim, pois são esses momentos de prazer, de conversa, de canto e de contação de histórias que estabelecem os lugares dos sonhos e de conexão com o mundo em que se farão presentes o encanto, o desejo e o prazer de adiar o fim do mundo (KRENAK, 2019).

Está feito o convite.

Vida longa à Chapeuzinho!

Se, conforme verificamos anteriormente, Bakhtin e Volochínov (1992) asseguram que os signos são plurivalentes e são arenas de luta, Hall (2003), em complemento, defende que tanto o signo como a cultura popular são arenas onde se dão as lutas de classe pelo significado tanto dos próprios signos como das práticas culturais.

O signo, dessa forma, tal como a cultura popular, não possui em si a conotação determinada por uma classe específica, podendo perder sua ancoragem na luta em torno das cadeias de conotação. O signo e a cultura popular são, pois, plurivalentes. Portanto, se a classe dominante tenta torná-los monovalentes para ocultar a luta dos índices sociais de valor neles presentes, torna-se necessário, como nos sugerem Stallybrass e White (1986), lançar mão das metáforas da transformação como mecanismos que

> [...] nos permitem imaginar o que aconteceria se os valores culturais predominantes fossem questionados e transformados, se as velhas hierarquias sociais fossem derrubadas, se os velhos padrões e normas desaparecessem ou fossem

consumidos em um "festival de revolução", e novos significados e valores, novas configurações socioculturais, começassem a surgir (HALL, 2003, p. 219; grifo do autor).

Se por um lado o signo e a cultura popular são arenas de luta e por outro a cultura e as crenças populares são forças materiais, é a educação política (HALL, 2003) o que viabiliza a renovação de modo a esclarecer o senso comum e elevar o pensamento popular.

Lançando-se mão das metáforas da transformação por meio de ressignificações e análises críticas desse conto originariamente popular, bem como de subversões e de questionamentos da versão única e hegemônica a ele imputado, torna-se urgente promover uma educação política que desencadeará na renovação e no necessário esclarecimento do senso popular, assumindo não apenas a tarefa de problematizar a preponderância de uma versão como verdadeira e única, mas também de atuar em seu discurso na constituição de versões éticas que levem em consideração o caráter histórico da Chapeuzinho em sua atualidade.

As leituras comparativas entre as versões mais recentes aqui apresentadas e as versões dos Grimm, de Perrault e de Egberto de Liège nos ajudam a compreender que a cada tempo os enunciados possíveis se materializam a partir das verdades, dos saberes, dos poderes e do modo de conceber a vida, o ser humano e o mundo concernentes a cada época. Neste livro pudemos constatar o quanto nos encontramos aprisionados a regimes de verdade e mecanismos de controle e de que modo se consolidaram e se perpetuaram as versões hegemônicas de *Chapeuzinho Vermelho*, ainda hoje propagadas.

O levantamento aqui realizado vislumbrou, portanto, apresentar uma visão panorâmica da trajetória milenar desse conto em sua relação com a escola, observando que essas versões não são senão materializações textuais que refletem discursos vigentes em cada época.

Verificamos que algumas dessas versões ainda se perpetuam por se configurarem em um arquivo que as institui como "as" versões autorizadas, "as" versões válidas, "as" versões verdadeiras, "as" versões prioritariamente únicas. Por outro lado, sabemos que tais versões não são senão textos, materializações institucionais constituídas a partir de redes discursivas históricas. São textos, portanto, provisórios: versões instauradas por regimes de verdade, longe de serem as verdadeiras, as originais ou as únicas.

Amedrontados por essa narrativa hegemônica que nos faz acreditar no fim do mundo, lembra Krenak (2019), nos sentimos inseguros e paranoicos de tanto temermos a queda anunciada. "Então, talvez o que a gente tenha de fazer é descobrir um paraquedas. Não eliminar a queda, mas inventar e fabricar milhares de paraquedas coloridos, divertidos, inclusive prazerosos" (KRENAK, 2019, p. 62-63).

E que são tais paraquedas que reduzem o impacto do prometido fim do mundo e que o adiam senão histórias? E quantas Chapeuzinhos de quantas cores podemos fabular, reinventar e contar para adiar o fim do mundo? Afinal, "De que lugar se projetam os paraquedas? Do lugar onde são possíveis as visões e o sonho. Um outro lugar que a gente pode habitar além dessa terra dura: o lugar do sonho" (KRENAK, 2019, p. 65).

Imbuídos dessa percepção e dessa clareza, celebremos, juntos, um milênio de *Chapeuzinho Vermelho* em suas versões escritas vinculadas à escola, desejando a esse conto milênios de vida pela frente. E desejando ainda que a Chapeuzinho – na figura social da camponesa e dos tantos segmentos sociais, étnicos e raciais subalternizados; na figura da mulher e dos tantos segmentos de gênero desqualificados; na figura da menina em sua infância e dos tantos segmentos etários e especiais excluídos por meio da invisibilidade de sua voz e de seus saberes – escreva a sua própria história, como Maria Lucia Takua Peres (2020) com *A Indiazinha Chapeuzinho Verde* tão primorosamente o fez, auxiliando-nos a nos desvencilharmos das metanarrativas que por meio da consolidação de verdades em versões únicas e hegemônicas nos vêm aprisionando, limitando e calando. Auxiliando-nos a adiar, a partir desse lugar sagrado dos sonhos, o prenunciado fim do mundo.

Vida longa à Chapeuzinho!

Referências

ALFONSI, L. *La letteratura latina medievale*. Firenze: Sansoni, 1972.

ARIÈS, P. *História social da criança e da família*. Rio de Janeiro: Livros Técnicos e Científicos, 1981.

BAKHTIN, M. [VOLOCHÍNOV, V.]. *Marxismo e filosofia da linguagem*. São Paulo: Hucitec, 1992.

BARRO, J. *O Chapeuzinho Vermelho*. São Paulo: Moderna, 1995.

BETTELHEIM, B. *A psicanálise dos contos de fada*. Rio de Janeiro: Paz e Terra, 1980.

BISANTI, A. *Introduzione allo Studio della língua e della letteratura latina medievale* – Appunti delle lezioni del corso di Letteratura latina medievale (Modulo 1). Palermo: Università degli Studi di Palermo, 2007.

BRASIL. *Lei n. 11.645*, de 10 de março de 2008 – Altera a Lei no 9.394, de 20 de dezembro de 1996, modificada pela Lei no 10.639, de 9 de janeiro de 2003 [Disponível em <http://www.planalto.gov.br/ccivil_03/_ato2007-2010/2008/lei/l11645.htm – Acesso em 18/08/2021].

BUARQUE, C. Chapeuzinho Amarelo – II: Ziraldo. Rio de Janeiro: José Olympio, 2003.

CADEMARTORI, L. *O que é literatura infantil*. São Paulo: Brasiliense, 1986.

CASTRO, E.V. O que me interessa são as questões indígenas – no plural. In: SZTUTMAN, R. (org.). *Eduardo Viveiros de Castro*: encontros. Rio de Janeiro: Azougue, 2008, p. 72-85.

CERTEAU. M. *A invenção do cotidiano* – 1: Artes de fazer. Petrópolis: Vozes, 1998.

CHAPEUZINHO, Deu a louca na. Direção: Cory Edwards. Produção: Maurice Kanbar, Todd Edwards e Tony Leech. [Estados Unidos]: Blue Yonder Films/ Kanbar Entertainment, 2005.

COELHO, N.N. *Panorama histórico da literatura infantil/juvenil*: das origens indo-europeias ao Brasil contemporâneo. São Paulo: Ática, 1991.

_____. *Dicionário Crítico da Literatura Infantil e Juvenil Brasileira*. São Paulo: Cia Editora Nacional, 2006.

COLOMER, T. Eterna Caperucita: la renovación del imaginário colectivo. *Cuaderno de Literatura Infantil y Juvenil*. CLIJ, Barcelona, n. 87, p. 7-19, out./1996.

CUNHA, M.A.A. *Literatura infantil*: teoria e prática. São Paulo: Ática, 2002.

DELARUE, P. A história da avó. In: TATAR, M. *Contos de fadas*. Ed. comentada e ilustrada. Rio de Janeiro: Zahar, 2002, p. 334-335.

DUNDES, A. *Little Red Riding Hood*: A casebook. Madison: University of Wisconsin Press, 1989.

FOUCAULT, M. *As palavras e as coisas*: uma arqueologia das ciências humanas. Lisboa: Portugália, 1968.

_____. *Vigiar e punir*: história da violência nas prisões. Petrópolis: Vozes, 1987.

_____. *A história da sexualidade* – I: A vontade de saber. São Paulo: Graal, 1988.

_____. *Microfísica do poder*. 23. ed. São Paulo: Graal, 2004.

_____. A ética do cuidado de si como prática de liberdade. In: *Ditos e escritos* – V: Ética, sexualidade, política. Rio de Janeiro: Forense, 2006.

FRANCESCHINI, É. Limiti e compiti di una nuova disciplina. In: *Annuario dell'Università Cattolica del Sacro Cuore*, n. 17, 1938-1939, p. 59-81.

GALLO, S. *Foucault Educação*. Atta, mídia e educação, 2003. 53min. DVD.

GILES, T.R. *História da educação*. São Paulo: EPU, 1987.

GRIMM, W.; GRIMM, J.; ROTHKÄPPCHEN, I. *Kinder und Hausmärchen*: gesammelt durch die Brüder Grimm. Vol. 2. Göttingen: Dieterich, 1857, p. 140-144.

_____. *Contos de Grimm* – II: A. Archipowa. São Paulo: Ática, 2002, p. 7-14.

HALL, S. *Da diáspora*: identidades e mediações culturais. Belo Horizonte: UFMG, 2003.

KAISER, E. Posfácio. In: PERES, M.L.T. *A Indiazinha Chapeuzinho Verde*. Itaipulândia: Julie Dorrico (Macuxi), 2020.

KHALIL, M.M.G. Labirintos literários: suportes e materialidades. In: *Revista Catalão* – Revista Linguagem: estudos e pesquisas, vol. 6-7, p. 199-212, dez./2005.

KRENAK, A. *Ideias para adiar o fim do mundo*. São Paulo: Companhia das Letras, 2019.

LAJOLO, M. & ZILBERMAN, R. *Literatura infantil brasileira*: História e histórias. São Paulo: Ática, 1984.

MARÍN, S.G. *¿Existia Caperucita Roja antes de Perrault?* Salamanca: Universidad de Salamanca, 2005.

MAYER, F. *História do pensamento educacional*. Rio de Janeiro: Zahar, 1976.

MELIÀ, B.; GRUNBERG, G.; GRÜNBERG, F. Los Paî--Tavyterã: etnografia Guarani del Paraguai contemporâneo. Separata del Suplemento Antropológico de la *Revista del Ateneo Paraguayo*. Centro de Estudos Antropológicos de La Univerdad Católica, Assunción, vol. 9, n. 1-2, p. 151-295, 1976.

MONROE, P. *História da educação*. São Paulo: Cia Ed. Nacional, 1978.

MORAES, F. *Contar histórias* – A arte de brincar com as palavras. Petrópolis: Vozes, 2012.

_____. *Contar histórias com maestria*: técnicas e vivências. Petrópolis: Vozes, 2022.

MORAES, F.O. *O "medo" em Chapeuzinho Vermelho (da Idade Média à Modernidade)*: por uma abordagem discursiva da referenciação com base em Foucault, 150 f. Dissertação (Mestrado em Estudos Linguísticos). Programa de Pós-Graduação em Estudos Linguísticos. Universidade Federal do Espírito Santo, Vitória, 2010 [Disponível em https://repositorio.ufes.br/handle/10/3722 – Acesso em 19/08/2021].

MURA, F. O tekoha como categoria histórica: elaborações culturais e estratégias Kaiowa na construção do território. *Fronteiras*: Revista de História. Campo Grande, vol. 8, n. 15, p. 109-143, jan.-jun./2004.

NUNES, R.A.C. *História da educação na Idade Média*. São Paulo: EPU/EdUSP, 1979.

PERES, M.L.T. *A Indiazinha Chapeuzinho Verde*. Itaipulândia: Julie Dorrico (Macuxi), 2020.

PERRAULT, C. *Contes*. Paris: Librairie Générale Française, 2006.

_____. *Contos e fábulas*. São Paulo: Iluminuras, 2007.

_____. Chapeuzinho Vermelho. In: MACHADO, A.M.; TATAR, M. *Contos de fada*: de Perrault, Grimm, Andersen e outros. Rio de Janeiro: Zahar, 2010, p. 145-152.

_____. Charles Perrault: Le Petit Chaperon Rouge / Chapeuzinho Vermelho. Trad. de Elisângela Maria de Souza. In: MICHELLI, R.; GARCÍA, F.; BATALHA, M.C. (orgs.). *Chapeuzinho Vermelho / Le Petit Chaperon Rouge*. Rio de Janeiro: Dialogarts, 2019, p. 8-14.

QUINTANA, M. *Poesia completa*. Rio de Janeiro: Nova Aguilar, 2005.

QUINTILIANUS, M.F. *Institutio oratoria*. Nápoles: Classici Latini Loffredo, 2009.

RIBEIRO, B.G. *O índio na cultura brasileira*. Rio de Janeiro: Fundação Darcy Ribeiro, 2013.

RIBEIRO, I.L.C. Diversidade cultural no Espaço do Conhecimento UFMG: povo Maxakali. *Revista Três Pontos*. Dossiê Diálogos entre Antropologia e Arqueologia: contribuições e desafios, vol. 14, n. 1, p. 24-30, 2017.

ROSA, J.G. *Fita Verde no Cabelo: nova velha história* – II: Roger Mello. Rio de Janeiro: Nova Fronteira, 1998.

RUMPF, M. *Rotkäppchen* – Eine vergleichende Märchenuntersuchung [Little Red Riding Hood: a comparative study]. Berna/Frankfurt a. M./Londres/Nova York: Peter Lang, 1989.

SANTOS, B.S. *A crítica da razão indolente*: contra o desperdício da experiência. São Paulo: Cortez, 2005.

_____. *A gramática do tempo*: para uma nova cultura política. São Paulo: Cortez, 2008.

SILVA, E.A.K. *Leitura literária em contextos escolares diversos*: acesso, mediação e resistência. 154 f. Dissertação (Mestrado em Literatura Comparada). Programa de Pós-Graduação em Literatura Comparada. Universidade Federal da Integração Latino-Americana. Foz do Iguaçu, 2020 [Disponível em https://dspace.unila.edu.br/handle/123456789/5872;jsessionid=7B5C6A6F3F8F671B0EB327E1E0B2504C – Acesso em 20/08/2021].

SILVA, T.T. *Documentos de identidade*: uma introdução às teorias do currículo. Belo Horizonte: Autêntica, 2011.

STALLYBRASS, P.; WHITE, A. *The politics and poetics of transgression*. Ithaca, NY: Cornell, 1986.

VALLE, N.R. De lobos, zorros y... coyotes: leyendas, cuentos y refranes de la literatura medieval que atravesaron el Atlántico. *Medievalia*, n. 46, 2014, p. 84-92.

VOIGT, E. *Egberts von Lüttich Fecunda ratis*. Halle: Max Niemeyer, 1889.

WHEATLEY, E. *Mastering Aesop*: medieval education, Chaucer, and his followers. Gainesville: University Press of Florida, 2000.

XIVREY, J.B. Prefácio. In: PHAEDRUS. *Fabularum Aesopiarum libros* 4. ex codice olim Pithoeano. Deinde Peletteriano contextu codicis nunc primum integre lucem prolato, adjectaque varietate lectionis e codice Remeni, incendio consupto a Dom. Vicentio olim enotata, cum prolegomenis, annotatione, indice, edidit Julius Berger de Xivrey. Paris: A.F. Didot, 1830.

ZILBERMAN, R. *A literatura infantil na escola*. São Paulo: Global, 2003.

_____. *Como e por que ler a literatura infantil brasileira*. Rio de Janeiro: Objetiva, 2005.

ZIOLKOWSKI, J.M. *Fairy tales from before fairy tales*: the medieval Latin past of wonderful lies. Ann Arbor: University of Michigan Press, 2007.

ZIPES, J.D. *Trial and tribulations of Little Red Riding Hood*: versions of the tale in sociocultural context. Nova York/Londres: Routledge, 1993.

Leia também!